FEN RIVERA

Copyright 2018
Fernando Rivera
Todos los derechos reservados

 Por, Fen Rivera (2018)

www.fenrivera.com

Revisión: Emily Gracia & Glorimar Sánchez

Diseño de portada: Alex Sánchez

ISBN- 13: 978-1726218924

ISBN- 10: 1726218929

2

Introducción

El 20 de septiembre de 2017 fue un día que ningún boricua olvidará. Fuimos azotados por el peor huracán de la época moderna. El Huracán María vino con vientos hasta de 150 MPH y sí, trajo agua y destrucción, pero también trajo solidaridad y unión. Aunque estoy más que seguro que muchos la pasaron peor que yo, quiero contarles mi historia.

Mientras muchos lo pasaban con sus familiares en sus casas, yo lo pasé en un hospital. Encerrado y sin saber de mis seres queridos. Puerto Rico Año Cero; inmortalizará lo que viví durante las fechas del 19 al 23 de septiembre de 2017. Comenzará desde el momento que dejé mi casa para cumplir con mi responsabilidad en un hospital del área de Bayamón hasta que logré volver. Durante el pasar de los días, se describirá las diferentes historias, las situaciones que surgieron y cómo lidiamos con ellas para poder pasar el momento.

Luego de los eventos de María, muchos puertorriqueños se han dado la tarea de guardar estos recuerdos para la memoria colectiva del país. He visto como los cantantes, tomaron los micrófonos y se metieron a sus cabinas. Los pintores, atacaron a sus lienzos. Los poetas, soltaron sus estrofas. Incluso los

3

más modernos, grabaron sus *vlogs* para la internet, mientras unos tantos tomaron fotografías para que todos recuerden esta fecha. Ver a tantos trabajar por la historia del país, fue lo que ayudó al nacimiento de este libro. Como mencioné, este proyecto fue realizado con la intención de guardar algo para el futuro. Tener una pieza que dentro de muchos años se pueda visitar y los afortunados que no vivieron este fenómeno, puedan apreciar por lo que pasamos, y con suerte, no tengan que pasar algo igual. Debo aclarar que todas las historias y sucesos que en este libro se describen, son reales. Para evitar infracciones con la Ley HIPPA, no se mencionará ningún detalle sobre pacientes. El nombre del hospital, no será mencionado y para referirnos a él, será llamado "El Hospital". Cada persona que es mencionada, ha autorizado por escrito la utilización de su nombre e historia. También existe la posibilidad que algunos sucesos que se narran, no hayan pasado justamente en ese momento, pero sí sucedieron.

En este libro existe la posibilidad que haya errores ortográficos. Año Cero no fue editado, buscando traer un libro lo más real posible. Un libro estilo diario que plasme, lo más fiel posible, todas las situaciones y anécdotas a tiempo real, ya que fue escrito en medio del caos.

4

Con eso dicho, bienvenido al día en que Puerto Rico volvió al año cero.

19 de septiembre de 2017

Siete de la noche, día antes del Huracán María. Estaba haciendo los últimos preparativos para llegar a mi turno como plan A para emergencias del departamento de Rayos X del Hospital en Bayamón.

— ¿Tienes todo listo? – preguntaba mi madre gritando desde la cocina.

— Creo que sí. Tengo dos uniformes, más el que me llevaré puesto. Un pijama y un *set* de ropa casual.

— De comer, ¿qué te llevaste?

— Hasta ahora, dos cajas de *cornflake*, M&M y agua.

— Pues voy a prepárate un bulto con comida enlatada para que coman en el Hospital. Recuerda que no sabes cuánto tiempo vas a estar.

Terminé de acomodar unas *crocs*, una sábana y un pequeño cojín. Salí a la sala a ver qué hacían mis padres.

— Lo que viene es grande – dijo mi padre. Mientras miraba el informe de las 8:00 P. M. que se había adelantado–. ¿Te llevaste todo lo importante?

7

— Sí, me llevé mi pasaporte, dinero, cuentas de banco y licencias. Espero que no pase nada, pero por si pierdo el cuarto, al menos salvaré eso.

— ¡Quédate en el Hospital, Fen! – regañó mi madre–. No te muevas de ahí hasta que todo esté calmado.

— Pero mami, no es justo que nos tengan varios días en el Hospital y nos paguen la mitad de las horas.

— ¿Cómo que la mitad?

— Se supone que trabajemos ocho horas y ocho estemos durmiendo. El Sr. Prado me llamó como a las 5:00 P. M y se lo dije. No me importa lo que pase, me pienso desaparecer en mis ocho horas de descanso.

— ¿Y para dónde piensas irte? – se alarmó mi madre mientras terminaba de sacar latas de salchichas y pollo estofado.

— No sé, me iré para el *Lobby*, algún piso o para el carro.

— ¡No te atrevas irte para el carro! Ada[1] está diciendo que puede haber ráfagas de 150 MPH. ¡Mejor quédate en Rayos X!

— Déjame ver qué pasa.

Decidí mejor cortar la discusión. Sé que mami no podía entender lo molesto que estaba. Dos semanas

---

[1] Ada Mozón, Meteoróloga puertorriqueña.

antes hubo que activar el Plan A para emergencia y me tocó correrlo. Un huracán llamado Irma, iba a azotar la isla como categoría 5, pero en el último momento se desvió al norte.

Ya con mi maleta lista, tenía ropa de más, comida, mis artículos personales y de valor, ya estaba listo. Como se supone que llegara a las 10:00 P. M. a mi trabajo, me senté tranquilamente a comer con mi familia, solo faltaba bañarme y salir de mi casa.

— ¿Con quién haces la guardia de hoy? – Mami comenzó la conversación mientras comíamos.

— Somos tres tecnólogos y un oficinista. Esta Josué, el oficinista. Lymaris, la prima de Same, y Dilmarie.

— ¿Son de lejos?

— Sí, las chicas también son del campo. Lee es de Comerío y Didi, de Barranquitas. Creo que ya ellas están bajando.

— ¿Y el de Orocovis no está activo?

— Sí, Felipe tiene 7:00 A. M a 3:00 P. M mañana. Pero Prado nos puso a trabajar a nosotros mientras el Plan B está durmiendo en el Hospital. Así, mañana a las 7:00 A. M. ellos despiertan y nosotros nos acostamos.

— Por favor Fen, quédate a las 7:00 A. M. en el Hospital. María viene fuerte.

9

— Ese nombre no intimida. Uno piensa en George, en Hugo o los santos y sí tienen nombres intimidantes. Pero el Huracán María, pienso en una vieja con dubi, y categoría 4, la imagino encojoná con una chancleta.

— ¡Es cierto! – al fin comentó mi padre–. Pero hazle caso a mami, María viene fuerte. Bueno no escuchaste a Pesquera en la conferencia de prensa. "Si no sales de tu casa, te vas a morir". Hay que tomarse eso en serio. Las comunicaciones se van a caer y vamos a estar sin electricidad y agua mucho tiempo – se puso en pie.

— ¡Cuidado! ¿Para dónde vas? – Mami se puso en pie y ayudó a papi a llegar a su bastón.

— ¡Nena, déjame! Solo voy a ver la conferencia de tu gobernador.

Papi siguió para la sala, mientras mami y yo limpiamos la mesa.

— ¿Ya Cocó vino verdad?

— Sí, dejó los perros. Me preocupa que él vaya a pasar el huracán en el hangar de Anones.

— Pero tranquila. No va a estar solo, Sergio se quedará con él. Además, tiene los perros de los clientes, si se queda acá, va a estar jodiendo con eso.

10

— Lo sé, lo bueno es que son jóvenes – se veía preocupada mientras lavaba los platos–, en caso de emergencia van a saber cómo reaccionar.

— ¿Cómo ves a papi?

— ¡Desesperado! Voy a ver como pasamos la noche porque sabes que después del infarto, él quiere hacer muchas cosas, pero no puede.

— ¡Mami! – gritó mi padre–. Comenzó el boletín.

Mami dejó todo lo que hacía y fue a sentarse con él en la sala. Caminé hacia mi cuarto y por un pequeño espacio miré la conferencia. Como siempre, estaba el gobernador, Ricardo Rosselló, en medio con todos sus ayudantes. Realmente no dijo nada nuevo. Era inminente el golpe directo de María, no sabían por dónde entraría específicamente, pero pasaría el ojo por la isla. Luego pasó el micrófono a los demás y dijeron los mismo. No salir en la emergencia, ya los que tenían que desalojar sus viviendas se supone que lo hubiesen hecho y nadie podía estar en la carretera. Cuando los reporteros comenzaron hacer preguntas estúpidas como por ejemplo "¿Cuánto estaremos sin electricidad?" y cosas como esa, decidí tirarme en la cama.

— Me levantan a las 9:00 P. M. voy a tirarme un rato en la cama – le dije a mis padres.

Ya estaba todos listo, había comido y solo faltaba bañarme para salir a las 9:30 P. M. y llegar al Hospital a las 10:00 P. M. Ya acostado comencé a jugar con mi

11

celular, brincaba de *Whatsapp* a *Facebook* continuamente. Leía estúpidas plegarias por *Facebook*, como si Dios tuviera redes sociales. Algunos incrédulos decían que Puerto Rico estaba bendito y por eso no pasaría nada, mientras otros tantos estaban en caos total. En ese momento, entró un mensaje a un grupo de amigos de *Whatsapp*. Era Cocó y preguntaba:

— ¿Qué hacen?

— Último *nap* con aire – se me ocurrió escribir.

Elie contestó con gesto de aprobación y Cocó con una carita llorando.

— Yo ya no tengo luz – acompañaba la carita llorando de Cocó.

— ¿En serio? ¿Ya? – escribió Elie.

— No tengo luz, ni agua – Cocó habló en un *voice*.

— ¡Y no ha empezado! – contestó Elie.

Luego de eso comenzaron hablar sobre las peleas religiosas de *Facebook*. Enviaron varios *screenshot,* de personas que nunca han rezado, pero en ese momento su *Facebook* era todo sobre Dios. Como otras tantas que se dedicaban a comentar los estados de los demás simplemente por molestar.

En ese momento, mi interés por la conversación murió. Busqué una conversación que tenía pendiente con una amiga. Estaba buscando unas cartas Uno, que no encontró por ningún lugar. Aún ella no me había contestado. Como me quedé sin nada que hacer, me puse a ver cosas en *Facebook*, nuevamente. Antes de quedarme dormido, lo último que recuerdo fue leer un estado de Residente que decía:

> — "Hijos del cañaveral, nunca se nos cae la pava, esta raza sí que es brava, aunque sople el temporal."

Como siempre que me tomaba un sueño antes de hacer una guardia, me levanté 15 minutos antes de la hora de salida, todo ajorado. Me bañé lo más rápido que pude, me puse mi uniforme y me lavé la boca. Cuando salí del baño mami me esperaba en la sala con la maleta que había hecho para pasar varios días sin poder salir del Hospital.

> — ¡Ten cuidado! – me seguía repitiendo–. ¡Quédate con Prado!
> — Sí, sí, sí – le contesté sin hacerle mucho caso. Luego de un beso y un abrazo, fui a donde papi.
> — Mucho cuidado. Las comunicaciones se van a caer, pero intenta mantenernos al tanto hasta que eso pase – me dio un beso–. Vuelve cuando veas que es seguro.

Con esas últimas palabras, salí corriendo de mi casa. Encendí el motor de mi *corolla* y observé la oscura noche que se tragaba mi cantito de cielo. Ya el viento estaba comenzando a azotar. Al mirar el reloj, me puse en alerta. Se supone que entraba a las 10:00 P. M y eran las 9:35 P. M. Tenía el tiempo contando y me faltaba

13

cruzar Naranjito completo. Conecté mi celular al radio y ¿por qué no?, me dio con escuchar "Un Plegaria Más" de Fiel a la Vega. Bajé la cuesta de mi casa, pasando por casa mi abuela que estaba completamente cerrada. Terminé de bajar de mi colinita y mientras esperaba que me dieran paso para la 152, me dio con tocarme el pecho. Aunque suene estúpido, me desesperé al no sentir el cuarzo azul que siempre me acompañaba. La piedra, Sebastián[2], siempre me ayudaba a controlar mis emociones, era como el ángel que siempre estaba conmigo.

Pensé cambiar el cuarzo y usar a mi otra hija, Victoria[3], el cuarzo ónix. Pero no era lo mismo. A Victoria la adoro, pero Seba es algo especial. Sin importar que estuviera tarde, viré en el negocio frente a mi casa y volví a subir a toda prisa.

— ¿Qué se te quedó? – gritó mi madre al verme entrar corriendo.

— ¡Mi cuarzo!

— ¿En serio?

— Créeme, necesitaremos a todos mis ángeles.

Volví a dar un beso de despedida y salí. Como había perdido la canción, la volví a reproducir. Mientras los fieles cantaban, yo iba apreciando la belleza de mi Naranjito. Primero pasé por el restaurante Huellas,

---

[2] Personajes de la trilogía Torbellino de Alas, escrita por Fen Rivera
[3] Personajes de la trilogía Torbellino de Alas, escrita por Fen Rivera

14

donde muchos decían que servían el mejor churrasco del pueblo, continúe con la Vida y la estación de gasolina Puma. La carretera estaba prácticamente vacía, todos los naranjiteño estaban encerrados en sus nidos.

Cuando llegué frente al restaurante Las Cataratas, un fuerte viento sopló y vi como varias hojas, incluso un pequeño colibrí fue arrastrado. Luego de eso, el viaje fue tranquilo. No encontré a nadie en mi camino. Fiel a la Vega, comenzó a cantar el *"Wannabbi"* y eso dio un buen *feeling* al pasar por todo el verde y bello desvió. Al llegar a Bayamón, el viaje se tornó aburrido. Cuando estuve estacionado en el multipisos del Hospital faltaban 5 minutos para entrar.

Estacionado al lado mío, estaba Felipe hablando por teléfono. Al ver que me bajé, él hizo lo mismo.

— ¿*Ready* para el segundo *round*? – lo saludé.

— ¡Yo voy a dormir ahora!

— Ah verdad. ¿Tienes sueño?

— Para nada, me quedé dormido en casa como a las 5:00 P. M.

— A pues harás una guardia por servicios comunitario.

Mientras hablábamos sobre lo que habíamos traído en las maletas, caminamos por el puente peatonal hasta llegar al *Lobby* del Hospital. Todos nos miraban y en sus rostros se notaba la angustia de estar encerrados en

15

ese edificio. Justamente al llegar a la puerta de Rayos X, vimos que el ponchador marcaba las 10:00 P. M. Oficialmente había hecho el ponche que me hacía entrar al Plan A para emergencia del departamento de Rayos X.

La atmosfera se sentía extraña. Cuando entré al Departamento, todo el mundo estaba en el pasillo. Había dos oficinistas, cinco tecnólogos y Prado. Con Felipe y yo subimos a siete tecnólogos y faltaba Josué por llegar para completar un oficinista por turno. Saludé a todas las chicas con un beso y con un apretón de mano a los hombres. Luego pasé para el Archivo a llevar mi bulto.

— ¿Solo tienes ese bulto? – me preguntó Valeria que se había parado detrás de mí.

— No, tengo una maleta con más ropa en mi carro. Esto está triste Vale. Ya los vientos están soplando.

— Sí, mis papás en Comerío me dicen que ya se fue la luz.

— ¿No te da miedo que se rompa la represa?

— No creo que se rompa. Cuando tiene mucha presión, abren poco a poco las compuertas para liberarla.

Dejé todo lo que me molestaba en el bulto. Como por ejemplo las llaves del carro. El Archivo parecía un *closet* gigante. Había ropa de todos los tamaños y

16

colores. En los archivos se veían varios bultos y bolsas con comida. Cuando terminé de coger las cosas necesarias para el turno, la puerta se abrió.

— ¡Fernando, Valeria! ¡Vamos a mi oficina! – nos dijo Prado–. Tenemos reunión – con esas palabras cerró la puerta.

Valeria salió primero. Estuve unos segundos más viendo lo que había traído en mi bulto y deseando que no me hiciera falta nada. Era martes y tenía ropa hasta el viernes o sábado. Comparaba la situación con el huracán que pasó la semana anterior; Irma. Estuvimos 24 horas en el Hospital y usamos dos *sets* de ropa. Por otro lado, Irma nos dejó una semana sin electricidad y eso si era un problema. Ese huracán no nos tocó directo, pero ahora María iba a pasar su ojo por el medio de la isla. Todos sabíamos que con el tema del agua y la electricidad tendríamos grandes daños.

El sistema de emergencia se activó y un mensaje de alerta se envió a todos los celulares. "Se reportan vientos de 150 MPH en la isla gracias a María". No puedo mentir, me dio miedo. Hacía 20 años no nos azotaba un huracán, más que eso, nunca nos había azotado uno con tantas fuerzas.

Al mirar el reloj eran las 10:15 P. M. Salí del Archivo y todos se estaban acomodando en la pequeña oficina del jefe.

17

— ¡Buenas noches a todos! – Prado nos dio la bienvenida–. Primero que todo, gracias por estar aquí. Como saben, hoy Puerto Rico se enfrenta al azote del huracán María. Los expertos apuntan que los daños de este huracán serán desastrosos y por eso estamos aquí – sacó un papel escrito a mano con la división de los tecnólogos–. Por órdenes de la administración. Trabajaremos ocho horas, mientras los otros duermen ocho horas y así seguimos relevándonos nosotros mismos. Comenzamos con la guardia de hoy que será: Fernando, Lymarie, Dilmarie, y Josué como oficinista. A las 7:00 A. M, ellos duermen y entrarían: Felipe, Valeria, Marytzabel, Rosa y un oficinista. En el 3:00 P. M a 11:00 P. M, tendremos a Fernando, Lymarie, Dilmarie, Felipe doblando y una oficinista; y por último la guardia de mañana con Valeria, Marytsabel, Rosa y Josué de oficinista – quitó los ojos del papel.

— ¿Se va a correr la guardia como siempre? – preguntó Lymarie.

— Sí, ahora mismo la Sala de Emergencia está vacía. Las palabras de Pesquera fueron bastante claras.

— "Si sales, te vas a morir" – coreamos mientras reíamos.

— Nada de pánico – dije sarcásticamente.

Luego de discutir cosas sin mucha relevancia, concluimos la reunión. Ya era momento de meter mano. Llegaron las 11:00 P. M. y la guardia comenzó. Josué llegó al turno y Prado se lo llevó para darle un resumen de la reunión. Mientras hablaban, yo busqué mi computadora y me contacté al internet del Hospital, que lo abren al público en caso de emergencia, para poder ver el último boletín antes que María nos azotara. De repente mi celular sonó. Mami estaba escribiendo en un grupo de mensajes. Se había rumorado que la red de los mensajes de texto era mucho mejor que cualquier otra. Quizás es una red más lenta, pero los mensajes llegan a su destino.

— Me voy acostar. Cocó descansa un poco, Fen pásala bien. Abrazos – había enviado.

— ¡Descansen! – fue lo que contesté.

— ¡Descansen! – repitió Cocó–. Todo bien aquí.

— Súper, aún tenemos luz. Dormiré un ratito, ya mismo se va.

Prado y Josué salieron de la oficina y llegaron al cuarto del oficinista.

— ¡Llegó el murciélago, bebé! ¿¡Todo está en orden!? – saludó Josué.

— ¿Ya está el último boletín? – me preguntó Prado.

— Estoy en esas.

Luego de entrar a diferentes perfiles de reporteros y personas que mueven masa, no encontré nada. Aunque

19

no pude encontrar un *live* del reporte, pude leer el boletín escrito. Las últimas nuevas, hablaban de que no sabían por dónde justamente entraría el huracán, porque iba subiendo y bajando. Seguía como un poderoso huracán categoría 5 y ya los vientos se estaban comenzando a sentir.

Un bajón de luz, hizo que los tres nos miráramos. Algo había explotado y el generador eléctrico comenzó hacer su trabajo. Las computadoras se apagaron.

— Bueno, comenzó el huracán – dijo Prado –. Voy acostarme en Maquina 4. Cualquier cosa me llaman.

Prado se fue para la máquina.

— ¿Dónde están las chicas? – preguntó Josué.

— Creo que Lee y Didi están en el *Pantry*. Felipe durmiendo en el Archivo, y las demás en Maquina 1.

— Bien. No creo que tengamos mucho. Antes de que se callera todo, Sala de Emergencia estaba vacío y solo hay 8 portables.

— Perfecto, la pasaremos bien – contesté y tomé mi celular porque había vuelto a sonar.

Tenía varios mensajes, Cocó había escrito al grupo de la familia.

— No dejen la puerta abierta que los vientos están fuertes.

— Ya papi la cerró – contestó mami.

— ¡Se fue la luz! – dijo papi.

— Aquí también – escribí.

— ¿En el Hospital? – preguntó mami.

— Sí, algo explotó. Ya la planta subió, pero no tenemos sistemas.

— *Wow* ¿Hay pacientes?

— Los que están, ya se atendieron.

Ahí dejamos de escribir. Josué seguía peleando con los sistemas intentando que subieran.

— Ok, esto se murió – se rindió Josué.

— Ya me dijeron que se fue la luz en Naranjito – puse un tema para que todo comenzara a fluir.

— ¿Tu casa es de cemento? – preguntó Josué.

— Sí, bueno no. Es mitad y mitad. Las paredes son de cemento y el techo es de zinc y madera.

— ¿Y tus papás se quedaron ahí?

— Sí, está bien amarrada – saqué mi celular y le mostré unas fotos que había tomado esa misma tarde.

Había leído por *Facebook*, que tomaran fotos a sus propiedades porque en caso de que sufran daños por el huracán, FEMA las pediría como evidencia. Mostré una foto que enseñaba el frente de la casa con un pino bajito y el *gazebo* para estacionar la guagua de mami. Otra foto del ranchito donde tomábamos y hacíamos nuestras fiestas familiares y de ambas cuestas, la que daba hacia la casa de mi abuela y la que subía hacia el *parking*.

21

— Loco, tú tienes lo que todo escritor quiere – dijo Josué.

— ¿Por qué?

— Míralo, estas solo, rodeado de naturaleza. Es perfecto para despejarse y escribir.

En ese punto comenzamos hablar sobre libros, *Game of Thrones*, superhéroes y cosas así. Al percatarnos, eran las 2:30 A. M. Ya los vientos estaban azotando y recordé que mi maleta seguía en mi carro. Le pedí a Josué que me acompañara y de una vez veíamos como estaba todo fuera. Dijo que sí y dejamos a cargo a las chicas. La expedición al estacionamiento no duró ni 10 minutos. El multipisos parecía una "boca de lobo" y el viento nos arrastraba. Rápidamente, llegué a mi carro y saqué todo del baúl. La maleta era enorme. Los dos nos alumbramos con los *flashlight* de nuestros celulares, mientras evitábamos ahogarnos en los charcos que se formaban. Como dos "machos alfas", nos asustamos cuando un auto de la nada encendió sus luces. Sin preguntar, volvimos al Departamento y evitamos volver a salir.

Ya en la seguridad del Departamento, Josué volvió a intentar subir el sistema, mientras yo me perdí por estar navegando por las redes hasta el momento que llegó un mensaje.

— *Baby*, estoy pensando en tus papás – era Desirée.

— Sí, esto está bien feo – le respondí

22

— ¿Has hablado con ellos? No sé porque mami te escribe si yo estoy hablando contigo.

Efectivamente en ese momento me llegó un mensaje de su mamá. Me preguntó también por mis padres y le dejé saber que había hablado con ellos a la 1:00 A. M. Luego de eso seguí la conversación de Desirée.

— ¡Ja, Ja! Eso mismo estaba pensando. Ya le contesté – sonreí–. Y sí, hablé con mami. Ella había preparado su cuarto, el baño y la oficina. Ese lado de la casa es en cemento, por si acaso.

— ¡Al menos! Me dejas saber cualquier cosa. Yo estoy aquí con mami, abuela, Noa y los perros de abuela.

Desirée me contó que, por estar mirando el comienzo del huracán, abrió una ventana y una ráfaga de viento se metió a la casa, por poco se muere del susto. Terminó toda mojada y despeinada. Hizo que me relajara y riera un rato en medio de aquella noche eterna.

— *Btw*, estoy usando la linterna que me dio tu papá.

— ¡*Yeii*!

— Acho, estoy bien asustada.

— Créeme aquí está bien cabrón y no ha llegado.

— ¡Ajá! Esa es la mierda, aún no llega lo peor. Ahora tiene un *fucking* DOBLE ANILLO.

— Eso mismo acabo de ver. Aquí el oficinista buscó el boletín de las 2:00 A. M.

23

Eso sí que nunca lo había visto. La maldita de María tenía tanta agua que en el ojo se había creado una pared de lluvias, creando un ojo doble.

— Mantente en comunicación.

— Claro bebecita, no te había escrito por que pensaba que dormías.

— Realmente dormía, he tenido mucho trabajo, pero los vientos me levantaron.

En ese momento un nuevo mensaje entró a mi celular. Era papi, dejando saber que todo estaba bien. No pasó un minuto cuando Cocó también escribió y mami entró a la conversación. Todos estaban iguales, nadie dormía por los fuertes vientos. En Naranjito se debía estar sintiendo horrible.

— Papi me acaba de escribir que están todos bien – le notifiqué a Desirée luego de contestarle a mi familia.

— ¡Qué bien! Mami está hablando con tu mamá.

— ¿En serio? ¡Ja, Ja!

Un golpe en el cristal de la oficina hizo que me saliera completamente de la conversación.

— ¡Mira! Y tú no piensas trabajar – era Lee que había salido–. ¿Cuándo vamos para los pisos?

— Vamos ahora y salimos de eso – fue lo que respondí.

Lee tomó las pocas ordenes que teníamos y salió a preparar la portable con Didi. Yo volví a los textos.

— Loca, yo no sé cuando salga de aquí.

— ¡Lo sé!

— Hoy se supone que duermo a las 7:00 A. M. hasta las 3:00 P. M.

— ¡Loco a esa hora llega!

— ¡Duermo en el Hospital! – pensé que ella pensaba que saldría.

— ¡Lo sé!

— Voy ahora a salir hacia los intensivos. Son pocos pacientes, pero aprovecho y turisteo por las ventanas.

— ¡Me cuentas!

— ¡Claro! – contesté sin pensar que ese sería el último mensaje.

Didi, Lee y yo salimos hacia los pisos. Primero paramos en el segundo. Cuando pasó Irma nos íbamos a un ventanal que dejaba ver toda la cafetería del Hospital. Fui el que abrió la puerta, los enfermeros estaban sacando agua. El piso estaba completamente inundado y los plafones del techo se caían.

Como abrí la puerta la volví a cerrar. Le dije a las chicas lo que sucedía y seguimos para los otros pisos. En menos de 15 minutos habíamos pasado por el cuarto piso y estábamos terminando el sexto. Mientras hablábamos nos reíamos contando cosas que pasaban en el Departamento. También hablábamos con las enfermeras, ellas nos contaban sus preocupaciones.

25

Intentamos llevar el momento tenso lo mejor que pudimos, ya que como quiera nadie podía salir de ahí hasta quien sabe qué día.

Cuando salimos del sexto piso, nos encontramos a una de las jefas de esa noche que iba con un comité de limpieza hacia los ascensores.

— ¿Estragos por María? – dijo Lee en forma jocosa.

— Nena, tenemos agua por todos los pisos y ya está llegando al *Lobby* – dijo la jefa–. Los de Centro de Imágenes, están todos sacando agua.

— ¿Y los que estaban durmiendo?

— También, Centro de Imágenes está completamente inundado y todos se tuvieron que levantar. Para allá llevamos esto – señaló al comité.

— Nosotros vimos que el segundo piso esta igual – comenté.

— Sí, también hay un *team* de camino ahí – respiró profundo–. Y esto no ha comenzado.

El ascensor llegó y nos dirigimos al *Lobby*. Mantenimiento se fue hacia Centro de Imágenes y nosotros para el Departamento. Las chicas guardaron la portable, mientras yo volví al cuarto del oficinista.

— ¿Todo bajo control? – pregunté a Josué que seguía viendo los boletines, esperando que actualizaran al de las 5:00 A. M.

— Como siempre.

El boletín llegó y rápidamente lo leímos. Realmente no tenía nada nuevo. Seguían poniendo a María entrando por algún punto de Puerto Rico, pero no tenían nada seguro. Cuando me senté, busqué mi celular y solo había un mensaje de Cocó al grupo de amigos.

— El viento se escucha súper fuerte.

Intenté escribirle, pero mi celular no tenía nada de conexión. Intenté escribirle a mis padres y lo mismo. Ya era oficial la red de comunicaciones se había caído. Mi mente quería pensar que fueron apagadas para evitar daños.

Josué se movió de momento y llamó mi atención. Comenzó a mirar hacia el pasillo del Departamento como esperando a alguien. Agudicé mi oído para escuchar si alguien se acercaba. Un grito provenía de Sala de Emergencia.

— ¿Hay una mujer gritando? – intentaba escuchar de donde venía.

— Eso no es una mujer – contestó.

Josué se puso en pie y automáticamente lo seguí. Salimos por el pasillo principal dejándonos llevar por la supuesta mujer que gritaba. Cuando llegamos al cuarto de los Radiólogos, descubrimos qué era lo que gritaba.

María había despegado un cristal del pasillo y por un pequeño espacio entraba el viento. La supuesta mujer gritando, era la fuerza con la que el viento azotaba contra el edificio.

27

— ¡A esto se refieren cuando dice que el viento habla! – comenté.

Volvimos al Departamento y aunque no lo dije, eso me asustó mucho. Si en Bayamón, en un hospital de muchos pisos en cemento, María había logrado entrar e inundar casi todos los pisos, no quería pensar como lo tenían que estar pasando en Naranjito. En esas pequeñas casas en madera. Casas como la de mami y papi. No pasaron 20 minutos y ya el *team* del 7:00 A. M a 3:00 P. M. se estaba levantando. La guardia había pasado y María había llegado. Ahora comenzaba la historia, ahora comenzaba el día que todos los puertorriqueños recordaremos por el resto de nuestras vidas.

20 de septiembre de 2017

Justamente a las 7:00 A. M, Josué y yo nos paramos y salimos del cuarto del oficinista. Entregamos el turno al nuevo *team* que acababa de despertar. No había pacientes, simplemente un empleado que se había caído por las inundaciones. Hablamos un poco sobre todo lo que había pasado en la noche. Contamos nuestra heroica huida del multipisos, los gritos de María y la caída de las comunicaciones.

Lee y Didi acomodaron sus *mattress* en la Máquina 1, mientras Josué y yo fuimos al Archivo. Intenté dormir, cerré los ojos, pero nada pasó. Necesitaba salir y ver qué estaba pasando.

Dejándome llevar por la curiosidad, salí del Archivo y fui a Sala de Emergencia. Eran las 8:00 A. M y parecían las cinco de la madrugada. Estaba oscuro, la lluvia inundaba todo y el viento se podía ver. Parecía que llevaba navajas, cortaba las ramas de los árboles como si fueran hojas de papel. Los 10 minutos que estuve, no vi un segundo de tranquilidad. Mi mente entendió que eso era un huracán categoría 5. No era una ondita tropical como las que nos había azotado en los últimos 20 años, esto era una emergencia real.

29

Al aburrirme de esa vista, pasé por el *Lobby* del Hospital. Había varias personas en él, al comienzo pensé que eran familiares, pero no. Las personas que ahí estaban, andaban con ropa sucia, rota y desprendían mal olor. Eran refugiados de la calle que llegaron en el último momento. Todos nos mezclamos y mirábamos por los grandes ventanales. Ya las palmas del Hospital, estaban despeinadas y bailaban al compás de María. La naturaleza la estaba pasando mal y eso hacía que me comenzara a poner nervioso. Pensaba en esas comunidades pobres en la isla, debían estar rezando que todo terminara y esa era la peor parte, el huracán estaba comenzando. El último reporte que había visto decía que su movimiento de traslación era de 9 MPH, algo estúpidamente lento. Si sus vientos de 150 MPH nos azotaban durante tanto tiempo, sería desastroso. Esos pensamientos me ponían más nervioso y me despertaban la sed de información. Sacaba mi celular del bolsillo, simplemente para confirmar que seguía sin servicio. Aunque lo sabía, seguía sacándolo a cada minuto para desilusionarme con lo mismo.

La guardia comenzaba hacer su efecto y el sueño atacó. Luego de desayunar algo ligero en el Sótano del Hospital, como toda una película de guerra, volví al Departamento. En silencio para no despertar a los que dormían, me tiré en el *mattress* he intenté dormir. La cabeza me daba mil vueltas, mientras yo la obligaba a

30

callarse. No sé en qué momento, pero me logré quedar dormido.

De repente algo hizo que abriera los ojos. Estaba perdido, no recordaba donde estaba. Busqué por todos lados mis espejuelos y los encontré. Seguía en el Archivo a oscuras, comencé a buscar mi celular para saber la hora y cuando coloqué una mano en el piso para poder levantarme, un frio intenso pasó por todo mi cuerpo. Todo el suelo del Archivo estaba inundado. Por suerte, antes de acostarme había dejado todo en los archivos, para evitar ocupar espacio.

— ¡Josué! – le hablaba para despertarlo–. ¡Josué, Josué! – a la tercera ocasión despertó–. ¡Nos ahogamos!

— ¿Cómo? – se movió bruscamente y descubrió el agua–. ¡Maldita sea! ¿Qué hora es?

— Debemos haber dormido como dos horas – encontré el celular y corroboré la hora–. Son las 11:20 A. M.

Dando saltos para no mojarnos los pies, nos pusimos en pie. Del techo, se escurría el agua. Abrí la puerta de un golpe. El pasillo de nuestro *Pantry* estaba vacío. Del pasillo del Departamento, se escuchaba mucho alboroto. Personas se escuchaban hablando, halando cosas y secadoras eléctricas servían como música de fondo. Sin hablar del olor a humedad que reinaba todo.

— ¡Creo que afuera está peor! – comenté.

31

Cuando salimos del Archivo, todo era un caos. Todo el *team* que se supone estuviera atendiendo pacientes, estaban con escobas, mapos y aspiradoras sacando el agua que no se sabía de dónde provenía. Prado corría de lado a lado, mientras que Felipe y unos más sacaban agua. Intenté moverme, pero la laguna que se había formado era inmensa. Pensando en la forma de no mojarme, los empleados del Centro de Imágenes pasaron frente a mí.

— Si esto te impresiona, deja que veas como esta Centro de Imágenes – comentó una empleada de recepción.

Yo seguía mirando todo a mi alrededor. Los acústicos del techo estaban llenos de agua y muchos de ellos en el suelo. La electricidad había bajado de intensidad y por más de cuatro lugares caían goteras, sin contar el río que salía del pasillo que lleva al MRI. No podía creer que un hospital tan grande estuviera en esas condiciones. El monstruo que había allá afuera debía ser impresionante.

Sin hablarle a nadie, volví a salir hacia el *Lobby* del Hospital. Igual que el Departamento, todo estaba inundado y los chicos de Servicios Ambientales peleaban con el océano que se había formado. Intenté salir hacia el área de espera, pero estaba cerrada. A los refugiados que entraron a última hora, los movilizaron

32

hacia un pasillo que quedaba al lado del *Lobby* por seguridad.

— Lo siento, pero no puedes salir – advirtió un hombre de seguridad–. Los vientos están demasiado fuertes y tememos que algún proyectil rompa los cristales.

En ese momento un fuerte golpe sobresaltó a todos. Algo había golpeado las tormenteras del Café.

— ¡Ahí va el *gazebo*! – comentó al aire el mismo chico de seguridad.

Intenté mirar desde lejos y todo lo que era el patio del Café estaba destruido. No quedaba ninguno de los tres viejos árboles, ni los dos *gazebos* donde se solían sentar los visitantes, y los mismos empleados, para descansar.

Necesitaba saber que estaba pasando afuera. Necesitaba saber si los demás lugares estaban corriendo con la misma suerte. Caminé hasta el ascensor, pero ya María estaba dentro del Hospital. Una cascada se escuchaba cayendo detrás de las metálicas puertas. Entendí que no estaban en funcionamiento y me di media vuelta. Cuando abrí la puerta de las escaleras, otra cascada me ahogó los pies. Todo estaba mojado, me sentía en la icónica escena del *Titanic* cuando Jack estaba bajando las escaleras. Me tardé varios minutos por el miedo a caerme, pero llegué al piso seis que fue hasta donde mis piernas aguantaron.

33

Salí al pasillo del sexto piso, la humedad se sentía en el ambiente. Las paredes lloraban y los familiares de los pacientes salían al pasillo para ver lo mismo que yo buscaba. Desde una ventana, se veía gran parte de Bayamón siendo tragado por el gigantesco huracán. Las nubes y la lluvia no dejaban ver mucho, pero la calle frente al Hospital estaba inundada. El Río Bayamón, se estaba tragando todo lo que encontraba. Estuve 15 minutos mirando hacia la destrucción, el miedo me comenzó a invadir y saqué mi celular. Aunque no tenía señal, intentaba llamar y enviar mensajes de texto que no llegaron a ningún lado. Mirar por esa ventana fue lo peor que pude haber hecho.

Volví a mi Departamento todo abrumado y pensando en mis familiares y amigos en Naranjito. Si María estaba haciendo destrozos aquí, no quería pensar como estaba mi casa, con muchos árboles alrededor.

— ¿Tú vas a dormir? – me preguntó Josué cuando me vio entrar. Asistí con mi cabeza–.

Acomodamos todo en el cuartito de Datos

Entré para acomodar mis cosas. En una camilla ya estaba acostado el tecnólogo de CT. No sé cómo lo hacía, pero en medio de ese caos, ya ese hombre había entrado al mundo de los sueños. En silencio, me tiré al *mattress* y Josué se acostó en el suyo. No estoy seguro de cuánto tiempo pasó, pero no podía dormir. El miedo

34

me había invadido y no podía dejar de pensar en mi familia.

Aunque se escuche infantil, con el desespero que sentía, saqué mi cuarzo. Sí, el cuarzo que utiliza Sebastián en Torbellino de Alas[4]. Comencé hablar con mis personajes.

— Seba, por favor vete a casa y cuida a mis padres – susurré–. Yo me quedaré con Victoria. Leo[5], vete con Cocó y protege ese hangar que lo debe estar pasando mal. Steven[4], busca a todos mis amigos. Emma[4], te encargo a mi santa trinidad. Mya[4] y Neft[4], ustedes que son los más poderosos, protejan a Puerto Rico. Utilicen sus conocimientos con los cuarzos y hagan algo contra esa puta de María.

En mi mente, sentí que Seba me peleaba por enviarlo a Naranjito y no dejarlo conmigo.

— ¡Sebastián! – peleaba–. ¡Mis padres te necesitan más que yo! Estoy en un edificio en cemento en área segura. Victoria me acompañará. ¡Tú vete! – terminé.

En los rezos a mis *puppet* me quedé dormido. No sabía cuánto tiempo había pasado, pero me sentía fatal. No descansé nada por los ruidos que se escuchaban

---

[4] Trilogía escrita por Fen Rivera
[5] Personajes de la trilogía Torbellino de Alas, escrita por Fen Rivera

desde el pasillo. Busqué mi celular y al encontrarlo noté que eran las 2:00 P. M. Tambaleando y mareado me puse en pie para salir. El pasillo estaba peor, el *team* del 7:00 A. M a 3:00 P. M seguía sacando agua.

— ¿Ya dormiste? – preguntó Felipe– ¿Cuánto tiempo fue? ¿Hora y media?

— Más o menos. ¿Qué ha pasado?

— Agua por todos lados, me dijeron que el noveno piso está inundado y está filtrando a todo el Hospital.

— ¡Aquí nos vamos ahogar! – dije y dando brinquitos entré al *Pantry*.

Busqué en mi maleta pasta de dientes, cepillo y desodorante. Como no había nadie, seguí para el baño a darme una lavada rápida. Al volver, en el *Pantry* estaba Lee sola y con cara de preocupación. Miraba su celular fijamente.

— ¿Está todo bien? – pregunté temiendo la respuesta. Estar incomunicado y viendo toda la destrucción era desesperante para nosotros que vivimos en el campo.

— Mi hija me acaba de llamar – me dijo con un taco en la garganta.

— ¿Está bien? – pregunta estúpida.

— No sé. La comunicación se cayó. lo único que logré entender fue que las ventanas estaban explotando – escuchar su preocupación me dolió.

Por un segundo pensé en esa chica sola en medio de este monstruo.

— ¿Está sola en tu casa?

— No, ella está con mi prima – me relajé un poco–. Al menos eso me tranquiliza. Pero pensando, la casa de mi prima es en cemento y en tierras bajas, no quiero pensar como esta mi casa. Si es que aún existe.

No supe qué responderle. Sabía que mi casa posiblemente estaba igual. Quizás mis padres también estaban corriendo por la casa en busca de un lugar seguro, ya que María estaba entrando por las ventanas. Quizás, en el peor de los casos, mis padres podrían estar corriendo a casa de mi abuela porque el techo en zinc se hubiese ido.

Por un segundo pensé en preguntar si logró volver hablar con ella, pero era estúpida esa pregunta. Nadie tenía señal. Decidí darle espacio y no responder, las palabras estaban de más. Preferí salir del *Pantry* he irme al Archivo. Ya ahí, intenté buscar señal con mi celular. Saqué mi *iphone*, entré a todas las redes y ninguna subió. Lo puse en modo avión, estuve como 10 segundos y lo quité. Por obra y gracia del espíritu santo, llegó un poco de señal y con él, varios mensajes del grupo de amigos.

— ¿Están bien? – había escrito Elie– ¿Alguien sabe de Cocó? El cabrón se quedó en el hangar.

— La estamos pasando mal en el Hospital, pero estoy bien – tenía miedo a que se fuera la señal y escribí todo rápido–. No sé de Cocó desde las 5:00 A. M.

Envié varios mensajes al grupo de casa, pero nadie los recibió. También con algo de ilusión llamé, pero nadie contestó. Me rendí y salí a dar una vuelta, faltaban como 20 minutos para entrar al turno.

— ¡Mira nene! – me gritó un hombre mal vestido, era un refugiado– ¿Cuándo me piensan dar comida?

— ¿Disculpa?

— Sí, llevamos aquí desde anoche y nadie nos da comida.

— ¡Señor, ya le he dicho! – se interpuso uno de los chicos de seguridad– Esto no es un refugio. Primero hay que alimentar a los hospitalizados, luego a los empleados y cuando todos hayan comido se le va a dar a ustedes.

— ¡AHHH! Pero que cojones, estamos aquí con hambre y no me dejan salir.

— Bueno, usted puede salir, pero bajo su propio riesgo. No nos hacemos responsables.

Me alejé de la pelea porque en ese momento me di cuenta que no había comido nada. Caminé hacia el Café porque sabía que luego de entrar al turno, no tendría tiempo de comer.

No sé cómo, pero lo había vuelto abrir con el huracán encima. No había casi nadie en la fila. Pedí un sándwich con jamón, queso y huevo. Mientras lo preparaban, me recosté de una de las tormenteras he intentaba volver a tener señal.

— Joven, ¡no te pegues ahí! – miré a la señora extrañando–. Hay cosas azotando la tormentera.

Al voltearme, di una mirada rápida por un espacio y vi que todo el jardín estaba destruido. Los árboles no tenían ramas y los *gazebos* no existían. Con un gesto de la cabeza, le agradecí y volví a mí Departamento con mi comida.

Terminar de comer, creo que fue el último momento relajante en esta historia. Simplemente fue botar los restantes de comida y cuando salí, un grupo compuesto de enfermeros, planta física, servicios ambientales y supervisores pasaron frente a mí.

— ¿Qué sucede? – preguntó Prado al grupo que corría.

— La puerta de Sala de Emergencia explotó. Hay que cerrarla, se nos está metiendo el huracán – siguieron.

Sí, así como lo leen. La Sala de Emergencia estaba a punto de explotar. En contra a toda norma de seguridad, sin decir nada, me fui detrás del grupo para ver como trabajaban con la emergencia.

39

Cuando llegué a la puerta que divide la Sala de Espera con el Hospital, pude ver a varios hombres haciendo fuerza contra los vientos de María. Servicios ambientales secaba rápidamente el piso, mientras los administrativos pensaban en qué podían hacer para cerrar esa puerta.

— ¡Hay que cerrarla por fuera! – gritó uno de planta física–. La puerta no ha explotado, solo se salió de la canal y se metió hacia dentro. Tenemos que hacer fuerza para afuera y amarrarla.

— Es muy peligroso – dijo una administradora, viendo los vientos cortantes que arrastraban múltiples proyectiles.

— ¡Hay que hacerlo! Si se nos mete el viento, explotaran todos los cristales.

— ¡Tiene razón! – dijo uno de los supervisores que estaba ahí–. Vamos todos hacer fuerza hacia fuera. ¿Quién va a salir?

— ¡Yo salgo! – volvió a decir el de planta física–. Saldré por la puerta de las ambulancias, rápido que termine me abren.

Sacó una soga de su pantalón y salió. Como dijeron, todos hicieron fuerza, hasta llevar la puerta a su canal. En menos de un minuto el hombre había amarrado todo y ya estaba corriendo hacia adentro.

Como la acción terminó, recordé que eran las 3:00 P. M. y tenía que estar en el Departamento. Mientras iba hacia ahí, el aire se sentía húmedo y el Hospital comenzó a tomar mal olor. Los plafones del techo, estaban acumulando agua y caían al suelo creando obstáculos.

— ¡Fernando! – me gritó Prado– ¡Vamos al MRI! Me dicen que el techo se fue.

Prado salió corriendo, varias personas que estaban en el Departamento lo escucharon y junto a mí, salimos detrás del jefe. Cuando llegamos al pasillo donde se encuentra el cuarto para resonancia magnética, que realmente era un vagón, apestaba a suciedad, humedad y orina. Los refugiados que se metieron al Hospital, se había adueñando de ese pasillo y la peste que emanaban cubría todo. Los ignoramos y tomamos hacia la izquierda donde hay unos elevadores y las puertas para el MRI. Los plafones del techo, se levantaban cada vez que María soplaba, la presión del aire era tanta que creaba un hueco al vacío y extraía todo lo que podía.

Ya en el área, se encontraban el mismo *team* que hacía unos segundos estaba en la puerta de Sala de Emergencia; administrativos, supervisores, planta física y muchos más que buscaban ayudar. Prado abrió la puerta de la Sala de Espera y era un caos total. Estaba todo inundado, los plafones en el suelo y por la puerta de cristal se veía la destrucción que había afuera. Ramas por todo el suelo, letrero de los *fastfood* que estaban en la avenida, la carretera parecía un gran río y pedazos de

41

metal que, aunque no lo quería pensar, eran las tormenteras que se supone que nos mantendrían seguros.

Cruzamos el mostrador y llegamos a una puerta gigante corrediza que te da acceso al vagón hecho de cobre, que crea la Jaula de Faraday[6]. Por el marco de la puerta, entraba con gran fuerza el viento y de repente paraba. El golpe solido contra la puerta nos hizo parar en seco. Las fuertes ráfagas estaban amenazando con tirar de lado al vagón. El miedo se notaba en la cara de todos. Si ese vagón se caía, iba a causar dos grandes problemas. Primero, el golpe económico sería demoledor para el Hospital y segundo, para el lado que María quería tirar el vagón, era hacia la entrada de Sala de Emergencia. Si el MRI se volteaba iban a tener que buscar la forma de sacarlo de la entrada principal.

— ¡Hasta aquí podemos llegar! – dijo más para sí mismo Prado–. Es muy peligroso y no hay forma que aguantarlo. ¡Que pase lo que tenga que pasar!

— ¿Qué pasó Prado? – preguntó otro supervisor.

— El vagón está dando golpes contra el edificio, es demasiado peligroso. Cerremos todo y que sea lo que Dios quiera.

---

[6] Evita las interferencias entre las ondas de radio fuera del equipo de Resonancia Magnética.

— ¿Pero no lo amarraron? – preguntó una mujer de administración.

— Por lo que veo, no.

Prado se dio la vuelta y salimos hacia el Departamento. Pasamos el área de mal olor y llegamos a nuestro pasillo. Notamos que casi todas las sillas de espera estaban ocupadas. Nos sorprendimos porque habíamos visto que la Sala de Emergencia estaba vacía. Cuando nos acercamos notamos que todos eran los escoltas, junto a su supervisor y varios enfermeros.

— Las tormenteras se arrancaron y los cristales explotaron – contaba uno de ellos–. Tuvimos que salir porque comenzó a inundarse, sin contar que en el noveno piso se siente como el edificio se mueve por los vientos.

Prado se detuvo junto a ellos, mientras yo seguí de largo. En mi mente seguía danzando la pregunta; si en un hospital completamente en cemento, María estaba haciendo estragos, rompiendo ventanas y arrancando tormenteras, no quería pensar como estaba mi casita de madera y zinc.

Le pregunté a la oficinista que estaba de turno si teníamos pacientes en lista, me contestó que no. Así mismo, entré al *Pantry* para intentar relajarme un poco. No sabía cuánto tiempo había pasado entre Sala de Emergencia y el MRI. Sabía que estaba cansado y no haber dormido cuando me correspondía, me estaba

43

pasando factura. Me encontré sentados y en silencio a Didi, Lee y Mary, el *team* 3:00 P. M. a 11:00 P. M, también en silencio estaba Valeria y su futuro esposo.

— ¿Estabas en el noveno? – pregunté a Valeria.

— Yo no, no me pienso quedar ahí, ese piso parece una hamaca.

— Yo si estaba – me contestó su novio–. Está todo inundado, creo que mejor me quedo aquí.

— Eventualmente, todos van a terminar aquí – dijo Lee–. Este es el centro del Hospital y es el área más segura.

— O eso se supone – dije.

— ¡Exacto!

— Oye Lee, ¿supiste algo más de tu hija?

— Nada, intenté llamar del celular de Valeria, pero mi hija no tiene señal.

— ¿Claro[7] tiene señal?

— ¡Sorprendentemente! – habló Vale.

— Cogieron tantas críticas para Irma y ahora les calló la boca a todos – dijo Didi.

— Pero Vale, ¿pudiste hablar con tu familia?

— No, ellos son Claro, pero imagino que ya no tienen batería.

— Bueno es cierto. En casa se fue la luz desde anoche – recordé.

---

[7] Compañía de comunicaciones.

44

— ¿Fer tú has hablado con tus padres? – me preguntó Didi. Mientras peleaba con mi teléfono poniéndolo en "modo avión" y lo quitaba para obligarlo a buscar señal.

— No – me rendí mirando el celular–, lo último que supe de ellos fue a las 5:00 A. M.

Ya cuando alguien contestaba algo como "no sé de ellos" o "no tengo comunicación" se dejaba el tema automáticamente. Queríamos llevar la emergencia lo mejor que pudiéramos y comenzar a pensar sobre lo que están pasando nuestras familias no era la mejor opción. Aunque no es que mi familia sea menos importante, pero me dolía más pensar en las madres que estaban conmigo. Yo solo tenía a mis padres y hermano, pero tener a un hijo en medio de este monstruo que nos atacaba con todo debía ser la sensación más asquerosa de la vida. Debían sentirse completamente inútiles aquí, en un hospital ayudando a otros mientras sus hijos posiblemente necesitaban ayuda.

Todas miraban su celular en vano porque casi no llegaba nada. Mientras seguía pensando, se escuchaban diferentes códigos por los altavoces del Hospital que notificaban las áreas que se estaban inundado. Entre códigos y comentarios aleatorios que decían las chicas sobre cosas que veían en su celular con el poco internet que llegaba, me recosté en la mesa. No sé por cuanto tiempo, pero, me dormí.

45

De repente comencé a escuchar que alguien me llamaba. Al comienzo pensé que se trataba de un sueño, posiblemente soñaba que estaba en mi casa, tranquilo y sin María, pero la voz se hacía más fuerte. Hasta que la escuché claramente.

— ¡Fernando! – era Didi, levanté la cabeza y la miré, se estaba poniendo de pie y venía con su celular en las manos–. ¿Cómo tú piensas llegar a tu casa? Mira esta foto de la 152.

Sin decir nada, cogí su celular y miré la foto. No entendía nada, era una foto tomada hacia la ruta principal de Naranjito y mostraba varias casas de espalda y donde se suponía que estaba la carretera, un gran deslizamiento la cubría por completo. Intenté analizar la foto, pero parecía una escena de guerra, como si una bomba hubiese caído. Los árboles que lograron mantenerse en pie, no tenían hojas y no se veía nada del tendido eléctrico, nadie pensaría que esa era la carretera principal.

— No logro ubicarme – devolví el teléfono, realmente no le quería hacer mucho caso a la foto para que mi mente no volviera a crear historias.

En el momento que Didi tomó su celular, la puerta del *Pantry* se abrió. Era Felipe y se notaba cansado.

— ¡Reviviste! – me dijo–. ¿Escuchaste lo de Intensivo?

— No ¿Qué pasó?

— Supuestamente colapsó una pared.

— ¿Cómo? ¿Pero cuál?

— No tengo idea, eso fue lo que me dijo Prado y estaban buscando personal para sacar a los pacientes. Los están metiendo a todos en el segundo piso.

Me puse en pie, aún confundido y dormido. Felipe siguió para el Archivo, me fui tras él.

— ¿No se supone que estés durmiendo para hacer la guardia?

— Sí, pero me estaba ahogando y desde que me levanté he estado sacando agua.

— ¿De nuevo se inundó?

— Está bajando mucha agua por la escalera del primer piso. Viene de los pisos más arriba y por más que sacamos volvemos a lo mismo.

— ¡Es mala!

— Sí y pa' joder, mi novia me llamó.

— ¿Está bien?

— Sí, pero ella se quedó con el papá en una casa de madera solamente.

— ¿Pero está loca? – lo dije sin pensar.

— ¡Eso mismo le dije! Me dijo que ahora están asustados y no pueden salir. Que está soplando bien cabrón y tiene miedo a que se vaya toda la casa – se veía frustrado–. ¡De verdad no sé en que estaban pensando!

47

— Tranquilo, ya mejor que no salgan, es más peligroso.

— Eso mismo le dije, pero se cortó la comunicación. Yo tengo señal, pero ella no.

Cuando me dijo eso, una idea chocó contra mi cabeza. Como ya he dicho, en momentos como estos que los compañeros traían malas noticias, era mejor no preguntar. Decidí cambiar un poco el tema.

— Tienes señal. ¿Me puedes dar un poco de *hotspot*?

— Sí – sacó su celular–. Ya, chequea si lo ves.

— Es para mi computadora, a ver si logro tener alguna info de mi familia.

Rápidamente mi computadora se conectó al internet que compartía el celular de Felipe. Lo primero que se me ocurrió fue escribir un estado donde dijera que me encontraba bien y preguntar si alguien sabía de mi familia. También en ese estado había escrito, para mis familiares cercano, que llamaran al Hospital si tenían que comunicarse conmigo.

Cuando me aseguré que el estado estaba publicado, entre a algunos *Facebook* de familiares cercanos. Busqué en el de Cocó, Junín, Kathy y familiares que sabía que podían estar cerca de casa. Como sospechaba nadie había publicado nada. Luego de agradecerle a Felipe, cerré la computadora y salí para dar ayuda.

En el pasillo, estaban todos con aspiradoras y escobas sacando toda el agua que se podía. En ese proceso estuvimos más de dos horas. Me sorprendió ver como todos, aparte de la situación, intentaban poner su mejor cara. Los chistes y humor negro salían más de lo que debían. Incluso, en medio de un gigantesco charco, hicimos un pequeño barco de papel y lo tiramos a navegar. Como el barquito fue un fracaso, usábamos unos *blowers* para darle impulso y verlo. Parecía la famosa escena del libro de Stephen King; *IT*.

Aunque fue cansón sacar toda esa agua, me ayudó a relajarme. Cuando nos percatamos ya eran las 10:30 P. M. Como estaba a punto de terminar mi turno, sin pacientes, hablé con Prado para activar mi computadora y, con el internet de Felipe, buscar el último boletín. Como fue de esperarse, me dijo que sí, él quería verlo antes de dormir.

Activamos el centro meteorológico, y a las 11:05 P. M teníamos el boletín directo de NOAA. Leímos que ya María había salido de Puerto Rico y que en su trayecto había disminuido su intensidad degradándose a categoría 3. Mientras todos agradecían eso, yo simplemente le di las gracias a Mya y Neft, ¡lo lograron!

Cuando Prado se fue a dormir y todos perdieron el interés por la computadora, me fugué un segundo a *Facebook* en busca de comentarios en mi estado. Afortunadamente tenía varios. Entre los más

49

importantes y relevante, tenía una foto que mostraba un pequeño negocio de bebidas alcohólicas que había sido destruido por un derrumbe que arrastró fango, rocas, árboles he incluso autos. Aunque agradecía la foto, no me daba mucha información, porque, aunque mi casa estaba a un segundo de ahí, no se veía absolutamente nada. Los demás comentarios solo decían que había múltiples derrumbes por toda la 152, pero nadie sabía nada.

Llegaron las 12 de la media noche y mi cuerpo ya no daba para más. Hacer la guardia de la noche anterior, solo dormir tres horas en el 7:00 A. M. a 3:00 P. M, hacer el turno 3:00 P. M a 11:00 P. M, sacar agua, más aguantar toda la presión de lo que estaba pasando, sentía que me había caído un edificio completo encima. Me despedí de los chicos que hacían la guardia esa noche y me tiré en el cuarto de Datos. Para mi sorpresa, estaba solo. Me acomodé en el mismo *mattress* que había intentado dormir. Como sentía que la cabeza me estaba comenzando a latir, fui a mi bulto y me tomé dos pastillas para el dolor. Eso también ayudaría a relajar los músculos esa noche.

Lo último que recuerdo de ese 20 de septiembre, era como agradecía a mis ángeles, en la oscuridad de ese frío cuarto, por la pelea que dieron. Deseaba que me comenzara a llegar los reportes de mis niños. Mientras iba delirando con esos pensamientos, mi mente se fue quedando callada, hasta que, increíblemente, logré entrar en el relajante estado del sueño.

FEN RIVERA

21 de septiembre de 2017

Estar en ese limbo donde me llevó la noche era lo mejor que me había pasado. El silencio era dueño de todo y el frío, tapado con mi calienta manta, me hacía pensar que estaba en casa. Aunque no recordaba que había soñado, sabía que era algo bueno y tranquilo. Cuando mi mente despertó, estuvo aproximadamente 10 segundos intentando recordar donde estaba. Poco a poco fui recordando todo lo que había sucedido y por la destrucción que estaba pasando la isla. Las imágenes de todo lo que sucedió en el Hospital estaba corriendo por mi cabeza, realmente llegué a pensar que el Hospital se iba a caer.

De repente el silencio fue dañado por mi ruidosa alarma. Eran las 6:45 A. M, hora de pararme para entrar al turno a las 7:00 A. M.

— Por favor Victoria, haz que los demás me traigan noticias. Me quiero ir ya de aquí – hablar con mis niños siempre me tranquilizaba y me daba esperanza.

Comprobé mi celular y como esperaba, seguía sin servicio. Era oficial que fuera de este edificio la destrucción era masiva. Me puse en pie y para sorpresa mía, me sentía bien. Lograr dormir toda la noche me

53

había ayudado, parecía que había dormido mil horas. Cuando salí del cuarto de Datos. Un rayo de ilusión llegó. En el cuartito de los oficinistas estaba el primer relevo. La oficinista del 7:00 A. M a 3:00 P. M había logrado llegar. Aunque su llegada no me ayudaba para salir, era una ventaja. Si ella logró llegar, los demás también llegarían.

— ¡Buen día! – saludé a Carmen que estaba en su computadora– ¿Cómo llegaste?

— Ya hay bastante paso, pero hay mucha destrucción.

— ¿Pero estás bien?

— Sí ¿Y tu familia?

— No sé nada de ellos desde ayer a las 5:00 A. M.

Luego que me dijo eso, salí del cuartito y pasé al baño para lavarme la boca y limpiarme un poco. Al salir noté que Josué y algunos más estaban pensando en bajar al Sótano para desayunar. Antes de irme, notifiqué que iba a ir rápido a comer para poder pasar el resto del turno. Carmen me contestó que por el momento no tenía pacientes. Mientras notificaba al supervisor, los chicos de la guardia se adelantaron. Rápidamente salí tras ellos.

La fila para el desayuno era espeluznante y peor era pensar que posiblemente detrás de la pared donde estábamos, estaba la Morgue del Hospital. Como todo boricua, pasé por el lado de todos los que estaban

54

esperando hasta encontrar a los de mi área. Sin ningún disimulo me paré tras ellos y comenzamos hablar como si nadie hubiese visto lo que acababa de hacer.

— Ya como Carmen llegó, yo me voy a chequear mi apartamento – comentó Josué.

— Ya yo tengo que salir de aquí, necesito saber de mi novia – la desesperación de Felipe se le notaba en los ojos.

— De verdad que no sé en que pensaban, sabiendo lo que venía – dije.

Mientras hablábamos sobre cómo les fue la guardia a los chicos, yo les conté que había dormido como si estuviera en el cielo. Josué me dijo que los tecnólogos estaban muertos. Eso de trabajar 8 horas y dormir las próximas 8 era un problema cuando las 8 horas de sueño quedaban en el turno 7:00 A. M a 3:00 P. M. o 3:00 P. M a 11:00 P. M. Siempre había ruido y uno nunca podía descansar. Felipe le dio la razón, eso fue lo que le había pasado. Él se supone que durmiera el 3:00 P. M a 11:00 P. M. pero por las preocupaciones no pudo pegar el ojo y prefirió quedarse sacando agua y ayudando en lo que podía.

Gracias a la conversación la fila se movió y no nos dimos cuenta. Rápidamente nos sirvieron el desayuno y nos acomodamos en el incómodo pasillo.

— ¿Alguien tiene señal? – pregunté mientras quitaba la cascara del huevo duro.

55

— No, las comunicaciones llevan caídas desde ayer.

— ¿Saben? A mí no me preocupa tanto salir de aquí – los muchachos comían–. Pues no creo que haya paso para mi casa. Pero si lograra hacer una llamada y me dijeran que todos están bien, yo estaría más tranquilo y podría aguantar un poco más.

— Bueno – Josué intentó hablar mientras tomaba su jugo–, puedes intentar llamar desde el teléfono del Departamento. Posiblemente en Naranjito no tengan señal tampoco, pero inténtalo.

Esa idea me llenó la cabeza de ilusiones. Sin esperar a que dijeran más, me terminé lo que me quedaba y salí para el Departamento. Es verdad lo que decía Josué, posiblemente mi familia no tenía señal, pero podía intentar comunicarme con amigos, o con cualquiera, que no estuviera en Naranjito. Al llegar a las escaleras de emergencia, al lado de los elevadores del Sótano, un ruido hizo que me parara en seco.

— ¿Eso es lo que creo que es? – dijo Felipe a mi espalda. No sabía que había salido tras de mí–. Agua…

Desde el interior de los elevadores, se escuchaba como una cascada caía desde los pisos superiores. No se escuchaba como unas gotas que se escaparon, se escuchaba como un auténtico río fuera de su cauce. No quería pensar que esa agua provenía desde el techo inundado del Hospital. Las imágenes del Hospital desplomándose volvían a mi mente.

— Eso va a tardar mucho en ser reparado.

Luego de salir del asombro, subimos las escaleras. Al no volver a ver a Josué, supusimos que se había ido para su apartamento. Al entrar al Departamento, la ilusión de llamar y pensar en que alguien me contestara se escuchaba bonita. Pero mejor fue el ruido que se escuchaba desde el *Pantry*. Voces se escuchaban hablando todas a la vez. Nunca pensé que tanto revolú me llegara a emocionar tanto. Había comenzado a llegar los relevos.

Entré al *Pantry* y pude ver que ahí estaba Andujar, Jannise y Lucy. Al verlas, las saludé con un abrazo a todas. Intenté escuchar las conversaciones, pero era difícil. Todas contaban sus historias y hablaban de la pesadilla que se vivía afuera. Andujar contó cómo se le salían las lágrimas mientras conducía hacia el Hospital. Las demás hablaban de cómo esquivaron ramas, postes he incluso *billboards* que estaban en medio de las calles. Mientras hablaban, podías notar como sus voces temblaban. Claramente el día anterior había sido un caos total. Viéndolas a ellas, me puse a pensar.

Todo fuera de aquí debe estar destruido, nosotros estamos dentro de una burbuja. Las comunicaciones eran tan necesarias en momentos como estos, nuestra

57

isla se estaba hundiendo en el mar del Caribe y nosotros no nos dábamos cuenta.

Luego de escucharlas, recordé mi misión. Tenía que comenzar a llamar. No sé cómo, pero tenía que idear algún plan. Ya los relevos estaban llegando y tenía que estar preparado para cuando me dieran el momento para salir. Me fui hasta el *counter* del Departamento y le pregunté a Carmen como podía hacer para usar el teléfono del Hospital y llamar fuera. Ella me dijo como usar los códigos y comencé a llamar.

Obviamente comencé con mi familia cercana. Mami, papi y Cocó. Ninguno contestó. La decepción se hizo sentir en mi pecho, pero tenía que continuar. Saqué mi celular y comencé a buscar los números de los demás familiares.

Comencé con los que vivían cerca de mi casa o los que tenían más posibilidades de estar en contacto con mami y papi; Juanita, Aty, Pity, Joselito, Junín, Kathy, Sergio, Crucito, Emily, Tony. Nadie contestó. Intenté con personas más alejadas para ver si corría con más suerte, solo quería saber de alguien fuera del Hospital, aunque no supieran nada de mi familia. Johnny, Elie, Desirée, Same, Guillermo, Alexandra, Juan Luis, Nicholas, Sonia. Nadie contestó.

Ninguna llamada entraba, la única que tuvo un poco de posibilidad fue con Junín. Su celular me envió directamente al buzón de voz. Como era de esperarse

Junín siempre seguía las reglas. Él dejó un mensaje grabado para sus familiares, justamente como recomendaba la prensa y las redes sociales:

— Buen día, mi nombre es Jesús Rodríguez. Es miércoles 20 de septiembre y son las 5:30 A. M. Estamos pasando por el Huracán María y hasta el momento aquí, en Naranjito, todo esta bien.

No sé si fue la frustración o el fuerte golpe que le di al colgar el teléfono, que Carmen se dio cuenta.

— ¿Nadie? – preguntó.

— ¡Nadie! Ya han pasado muchas horas, los que tienen señal, deben estar sin baterías.

— ¿Pero qué compañía usa tu familia?

— AT&T[8]

— Intenta llamar a alguien con un teléfono de Claro. Valeria tiene buena señal, incluso hasta internet.

— Ya intent… – una persona me vino a la mente. No sé cómo no había pesado en él. Vive justamente debajo de mi casa, tiene un teléfono de Claro e incluso trabaja para Claro. Sin pensarlo, busqué su número en mi celular y comencé a llamar–. Me trajiste a alguien a la cabeza.

El teléfono sonó y sonó. Cada uno de los timbrazos parecían eterno. De repente un vació se escuchó en la

---

[8] Compañía de comunicaciones.

línea. Decepcionado, esperé a que saliera el mensaje de la grabadora. Sin embargo, eso no fue lo que se escuchó.

— ¡*Hello*! – se escuchó desde el otro lado. La emoción que corrió por mis venas fue tanta, que tuvo que salir por mis ojos–. ¿Quién es?

— Gordo, es Fernando…

— Fen… – vacío.

— Te estoy llamando del Hospital. ¿Sabes algo de mami? – pregunté sin pensar, pero rápidamente me di cuenta de mi error, quizás él podía estar peor que yo– ¿Ustedes están bien?

— Sí, estamos bien. De tu mamá no sé porque no me quedé en casa… – silencio la señal estaba fallando.

La emoción se me fue al piso al recordar que José era nativo de Aguas Buenas. Vive en Naranjito porque está casado con mi prima, Glory. Quizás se había ido cada cual a pasar el huracán con sus respectivas familias. Analizando eso, pude entender como la llamada entró, estaba en el área metropolitana. De repente la señal volvió y lo volví a escuchar en la línea.

— Estamos en casa de doña Gloria – dijo entre cortado y las esperanzas volvían. Gloria es la hermana de mi abuela Juanita, madre de Glory y que vive a unos minutos de mi casa. Nuestras casas se ven a simple vista–. Aunque no he podido hablar con tus padres, creo que están bien. Los vi caminando por la parte atrás de tu casa. Al saber que mami y papi estaban bien, venía la pregunta más fuerte. La respuesta a esa pregunta podía cambiar completamente mi vida. Antes de decirlo cerré los ojos, respiré y una pequeña gota cayó.

— ¿Y la casa sigue ahí? – esperé la respuesta.

— Te voy hacer sincero – perdida de señal–, no sé como, pero tu casa sigue en su sitio. Hay derrumbes por todos lados. No hay forma de llegar, pero la casa sigue ahí.

La alegría que me entró en ese momento no se puede describir con palabras. Aunque quizás piensas, igual que yo, que la casa es material. Saber que la casa sigue en su sitio es una evidencia que mis padres están bien. Al menos sé que no tuvieron que salir corriendo en medio del huracán para refugiarse. Pensar en la escena de mami ayudando a papi con su bastón a bajar una cuesta, posiblemente llena de obstáculos y con vientos de más de 150 MPH me destrozaba el alma.

— ¡Gracias! me acabas de liberar de un gran estrés. Aquí la estamos pasando mal. Tenemos agua por todos lados, paredes se han caído y esto es un edificio, no imagino como están ustedes – me desahogué.

— Créeme que esto fue y está bien feo, pero estamos bien. Si sé algo más te intento dejar saber.

— Mil gracias Gordo, y si ves a mami dile que estoy bien.

Al colgar la llamada un gran alivio me invadió. Automáticamente me llevé mi mano la pecho y apreté mi cuarzo.

<<Gracias Seba>> pensé.

— ¿Qué te dijeron? – Carmen me sacó de mi trance.

— No han podido hablar con mis padres, pero los vieron caminando. Supongo que están bien.

— ¿Y la casa?

— También, está en su sitio.

Dejé a Carmen sola y salí hacia el baño. No sé si quería llorar a solas de la emoción y simplemente no sabía cómo reaccionaría mi cuerpo. Ya en la soledad, seguí agradeciendo a todos los ángeles. Hasta el momento Neft, Mya y Seba había hecho un trabajo espectacular. Sin duda, el hecho de que mi casa no se haya destruido, tenía que ser por la intervención de mi niño.

Al salir del baño, ya estaba más tranquilo, pero con una sonrisa que me delataba. Al primero que me encontré fue a Felipe y para lástima, su rostro expresaba completamente lo contrario al mío.

— Te pregunto: ¿Qué vamos hacer?

— ¿Cómo que, qué vamos hacer? – no entendía su pregunta.

— Ya hay tres tecnólogos. Se supone que se vayan tres – ya entendía lo que me quería decir. Quería que le sedería mi lugar.

— Tranquilo. Ya me pude comunicar con un vecino y me dijo que logró ver a mis padres, al menos sé que están bien.

— Ok, qué bueno. ¿Pues me voy primero?

— Sabes que primero se supone que se vayan las chicas que entraron primero que nosotros.

— Si lo sé, escuché que Didi se va y Mary. No sé qué va hacer Lee y Valeria.

— Bueno imagino que Vale se quedará por su novio, pero Lee no sé, recuerda lo último que sabe sobre su hija.

— Sí, lo sé. Voy hablar con ella.

Felipe se metió para el *Pantry*. Esa discusión iba a estar difícil. Todos estamos pasando por momento de tensión y estamos en el mismo barco. Estábamos en incertidumbre y nos queríamos ir. Por mi parte, ya sabía que dentro de, estaban vivos en casa. Creo que lo más justo es quedarme un poco más, para darle oportunidad a las madres.

— ¡Fernando! Pasa por aquí – Prado me llamó para su oficina–. ¿Qué tú piensas hacer?

— Si quieres deja que las chicas se vayan primero. Yo puedo esperar un poco más, ya sé que mi

63

familia sigue viva y la casa, hasta el momento, está en su sitio.

— ¡Qué bueno escuchar eso! – me dijo–. Voy a hablar con las que tienen hijos, para que salgan primero.

— No hay problema. Yo mejor me voy mañana a las 7:00 A. M, cuando salga de la guardia. Necesito un poco de tiempo para saber cómo voy a llegar.

— Ok, perfecto. Cuenta con eso.

Con esas palabras, salí de la oficina del supervisor. Una compañera que antiguamente hacía turnos con nosotros me estaba esperando en el pasillo.

— ¡Micma! – le di un fuerte abrazó a Micmarie, como siempre tuve que ponerme en puntitas ya que mi cara llegaba a los sus hombros.

— ¡Vente! Vamos hacer la cadena humana para subir el desayuno a los pacientes.

Micmarie se fue hacia el área donde está el MRI. Supuse que la escalera que está en esa área sería la que usarían para subir los alimentos, ya que justamente ahí es donde está el Departamento de Dietas. Observé el Departamento y como ya estaban algunos relevos, aproveché el exceso de tecnólogos y me fui a ayudar a Micmarie.

Al llegar a la escalera, ya estaba seca. Se escuchaba mucha algarabía y los empleados estaban distribuidos de tres en tres. Se paraba uno en medio de las escaleras y los otros dos en los reposos. Las cajas llenas con alimentos tenían escrito el número del piso al que se dirigía y cada plato el número de la habitación con la información del paciente. Al mirar hacia abajo una voz me llamó.

— ¡Fernando! Por aquí – era Lucy que tan pronto llegó al turno, decidió ir ayudar.

Yo me paré en el reposo. La cadena comenzaba con los empleados de Dieta que daban la caja a Micmarie, ella me la daba a mí y yo se la pasaba a Lucy. Así sucesivamente iban subiendo las cajas. De vez en cuando, subían botellas de agua para que los empleados tomaran mientras seguían subiendo cajas. A cada minuto la cadena se movía más rápido, ya que mientras los pisos se iban llenando los empleados bajaban y quedaban cada vez más cerca el uno del otro.

Mientras pasábamos los alimentos. Micmarie nos mostró las fotos de la casa. El agua se había metido completamente y pasó todo el día secándola. También mostró varios videos donde se podía apreciar la fuerza de los vientos. Los árboles daban su mejor lucha, pero María los terminaba arrastrando por los suelos. Lucy por su lado, también contó sus sucesos, como dato curioso había llegado al turno con su hija para que no se quedara sola y ayudara como voluntaria.

Estuvimos aproximadamente una hora en la cadena y cuando terminó, pasamos un rato más hablando y

65

compartiendo los sucesos. Yo no tardé en decirle con lujos de detalles todo lo sucedido el día anterior. Micmarie decidió verificar su departamento mientras Lucy y yo volvimos a Rayos X.

Sorpresivamente, a la primera persona que me encontré fue a Lee. En todo momento pensé que las primeras personas que se irían serían Lee, Didi y Rosa. Ya que son las que tienen hijos.

— ¿Por qué sigues aquí? – pregunté sin disimulo.

— Por lo que escuché, no hay paso para mi casa, irme ahora sería una pérdida de tiempo. Prefiero irme mañana.

— Yo voy hacer lo mismo. Prefiero irme mañana lo más temprano posible por si pasa algo.

En la conversación Lee me dijo que los que se había ido fueron Didi, Mary, Felipe y Rosa. Los últimos dos se fueron juntos por si tenían que improvisar. Esto nos dejaba con solamente Vale, Lee, Prado y yo del grupo original.

— ¡Necesito ayuda para mover el equipo de sonografía fuera del Centro de Imágenes! – nos dijo Prado.

En ese momento, varios salimos tras él. Cuando llegamos al Centro de Imágenes, parecía una escena de una película de terror. Todo estaba oscuro, hacía calor y el agua nos llegaba casi a los tobillos. Pasar por esos oscuros pasillos se podría comparar con estar dentro de

66

un hospital *post* apocalipsis. Dejándonos llevar por las luces de nuestros *flashlights*, llegamos hasta las máquinas de sonografía. Cada uno tomó una estación, las fuimos sacando y llevando hasta Rayos X. Los que no estaban movilizando equipos, sacaban agua desesperadamente. Mientras más agua sacaban, más se acumulaba. En la búsqueda del origen del agua. Prado encontró que, dentro del cuarto de medicina nuclear, bajaba una cascada desde donde se supone que estaban las luces.

Cuando estuve seguro que habíamos sacado todo lo que se podía rescatar, decidí escaparme por una puerta que estaba justamente al lado del Centro de Imágenes. Ya había pasado el mediodía y necesitaba ver como se veía el mundo fuera de este edificio. Con varios compañeros, que sinceramente ya no recuerdo con exactitud quiénes eran, nos fugamos hacia el multipisos.

Para llegar, tuvimos que salir por una doble puerta que solo abría por dentro. Dejamos un pequeño banco para evitar que la puerta se cerrara y así poder volver a entrar. Cuando pasamos por un pasillo que servía como almacén, nos dio un fuerte olor a cigarrillo. Al doblar en la esquina encontramos de dónde provenía el olor. Varias enfermeras calmaban sus nervios con humo.

El primer obstáculo que tuvimos en nuestra misión de reconocimiento fue en el puente peatonal que contacta el Hospital con el estacionamiento. Aunque

67

estaba en su sitio, el techo era en cristal, ninguno aguantó la fuerza del huracán y terminaron rompiéndose. Dando pequeños saltos por el suelo resbaloso, mojado y lleno de cristales, pudimos pasar. La vista que teníamos desde ahí era lamentable. El cielo estaba oscuro, como si fuera un atardecer eterno, hacía frío y no había rama en su lugar. Cuando terminamos de cruzar el puente una vibración hizo que mi corazón se detuviera.

No sé si fue por las circunstancias, pero la emoción que me dio sentir como mi celular encontró señal y llegaron múltiples mensajes no se puede describir. Rápidamente me detuve en secó y metí la mano al bolsillo. Desbloqueé el celular y tenía varios mensajes, pero de la misma persona. Aunque lamentablemente, no era de mis padres ni hermano. Fue un mensaje que me llenó de ilusiones. Justamente fueron tres, dos escritos y una foto.

— Fen, logramos comunicación con tu familia gritando de montaña a montaña – comenzaba el mensaje del Gordo–, allá nos dijeron que todos están bien.

La sensación fue gloriosa. Una sonrisa nació en mi rostro, a la vez que una lágrima. Pero al ver la siguiente imagen y leer el texto la sonrisa desapareció.

— Tú no vas a poder subir. Los derrumbes están cabrones – el mensaje estaba acompañado por

68

una foto. Sin saber si fue obra del destino, pero la foto era la misma foto que Didi me había mostrado el día anterior–. La casa de verde es mi casa. La de rojo debe ser la tuya.

Me tomé el tiempo de analizar la foto, lo que no hice cuando la vi por primera vez. Me molestaba pensar que con solo un poco de esfuerzo había podido identificar mi casa, pero no lo hice. Quizás el miedo y ansiedad que tenía en ese momento no me permitía pensar. Pero efectivamente, ¡era mi casa! Aunque no sabía quién había tomado la foto, parecía que era de algún vecino de los Paganes. El Gordo marcó con un gran círculo rojo tanto mi casa como la de mis abuelos.

En la desastrosa imagen, se veía como la montaña se había venido abajo y la estructura se apreciaba bien cerca del risco. La pared que se apreciaba de mi casa, exactamente era la de mi cuarto. Me alegraba ver que todo el techo de zinc seguía en su lugar, pero un pensamiento me atemorizó. Quizás luego de esa foto, el derrumbe continuó, la lluvia no había cesado y el terreno estaba débil. Quizás mi cuarto estaba en esos momentos en la 152.

Justamente cuando terminé de analizar la foto, una nueva imagen llegó. Fue tomada desde muy lejos, supuse que sería desde casa de titi Gloria, donde estaban el Gordo y Glory. En la imagen se veía un deslizamiento muy grande, junto con árboles sin nada de hojas y en

69

todos los ángulos imaginables. En el medio de la foto había un nuevo circulo hecho por el Gordo que señalaba a una diminuta persona que miraba el derrumbe.

— Ahí está tu mamá.

La sonrisa volvió aparecer. Estaban bien, estaban vivos. Debieron haberlo pasado horrible en medio de esa destrucción. Luego de mirar la foto por varios minutos, pude ver que los mensajes llegaron fuera de orden. La foto de mi casa con el círculo rojo había sido enviada horas antes posiblemente cuando me logré comunicar con el Gordo por primera vez. La foto de mi mamá con el mensaje que se lograron comunicar fue bastante reciente.

— ¡Uff, Gracias! – fue lo único que logré escribirle al Gordo.

Aunque suena egoísta, pero al saber que mi familia estaba bien, el tiempo comenzó a trascurrir más deprisa. Volví al Departamento y en él vi que comenzaron a llegar pacientes a Sala de Emergencias. Con más miedos que ganas, di una vuelta para ver si veía algún rostro familiar. Pensándolo mejor, no sabía que iba a decir si veía a alguien que conociera. Sería muy raro llegar y preguntarle cómo estaba la carretera, cuando había gran posibilidad que, si estaba aquí, sería por alguna herida sufrida.

Los pacientes comenzaron a llegar a nuestro Departamento, pero para mi sorpresa casi todo eran imágenes de manos y dedos. Traían historias muy parecidas. Colocaban la mano en los marcos de la puerta y cuando el viento soplaba cerraba la puerta. Todos los casos que llegaron fueron positivos a fractura. Incluso, una chica bastante joven llegó con sus dedos en una bolsa con hielo. Luego que la pobre tuvo que pasar por dos diferentes autos, ambos se dañaron en el camino y nadar por el río que estaba cruzando la avenida principal, perdió sus dedos. El hielo se había derretido.

También como rumores de pasillo, se comentaba que en varios hospitales cercanos estallaron diferentes pisos y estaban buscando la forma de trasladar a sus pacientes. Intentaban traerlos al Hospital, pero nuestras condiciones estaban iguales. La Sala de Emergencia se llenaba, el piso nueve había explotado y los elevadores no funcionaban. Había una gran cola de pacientes en el *Lobby*, mientras los enfermeros daban lo mejor de sí.

Otro rumor que escuché mientras caminaba por Sala de Emergencia, era que, por la falta de comunicaciones, el Centro Medico no contestaba. Los doctores y administrativos, buscaban la forma de comunicarse con el centro de salud más grande de la isla y todas las llamadas eran negativas.

Las horas pasaron y ya eran casi las tres de la tarde. Hora que se supone que durmiera para estar listo para mi turno de guardia. Obviamente la euforia del día no me dejaría dormir y mientras esperaba que pasaran esos

71

últimos minutos me puse a analizar qué iba hacer al próximo día. Tenía que salir tan pronto saliera el sol. No sabía cuánto tardaría en llegar y posiblemente tendría que dejar mi carro en algún punto y comenzar a caminar. En ese momento pensé en Felipe y que él tuvo la mejor idea. Irse con alguien, dos cabezas pensarían mejor que una.

Intenté pensar en algún familiar o amigo que viviera cerca y me pudiera dar la mano, pero nadie me vino a la mente. En los que pensaba, vivían en lugares demasiado remotos y posiblemente tendrían los mismos problemas, estarían aislados en sus casas. Luego de pensar y pensar llegó una persona a mi mente. Él estaba en las mismas circunstancias que yo. Estaba encerrado en un hospital y vivía en mi misma montaña. Mi primo Xavier.

Xavier había escrito el martes en la tarde que no le escribieran nada de lo que pasara. Él estaría encerrado en otro hospital especializado y no sabía cuándo saldría. Él era mi única opción, llamarlo y rezar para que no hubiese salido antes.

En esos minutos luego de las tres de la tarde, volví al Archivo. Como había hecho con los demás. Busqué en mi celular el número de Xavier y lo marqué en el teléfono del Hospital. Luego de introducir el código para que la llamada saliera, esperé. Los segundos se hacían eternos. Quizás Xavier tendría más información que darme, quizás tenía un plan. O quizás ya estaba camino a nuestra casa.

El sonido del vacío se adueñó de la línea. No estaba seguro si la llamada se había perdido o simplemente Xavier no hablaba.

— ¿Xavier? – pregunté–. Es Fernando, estoy llamando desde el Hospital

— ¡Fen! – su voz se escuchaba quebrada– ¡Cabrón, qué bueno escucharte! Estoy desesperado, no sé de nadie, no sé de Mya. ¿Sabes de alguien?

— Bueno, no he podido hablar directamente con mami, pero hablé con el Gordo de Glory y me dijo que hablaron con ella – volví a pensar en esos padres, como Xavier, que en medio de este apocalipsis no lograban saber de sus hijos.

— ¿Y mami? ¿Y Juanita?

— Directamente no sé, pero el Gordo me dijo que estaban todos bien. Eso sí, hay mucha destrucción.

— ¿Tu casa?

— No sé cómo, pero mi casa está completa.

— ¡Ay puñeta Fen! Yo necesito salir de aquí – aunque no lo veía, sabía que debía tener los ojos aguados–. Muchos me han dicho que todo está bien, pero yo no sé si me están mintiendo para que no me desespere.

73

— Créeme que te entiendo – él estaba teniendo el mismo debate mental/emocional que yo–. ¡Te entiendo a la perfección! ¿Cuándo tú vas a salir?

— Eso mismo te iba a preguntar. A mí me dieron un permiso de 12 horas. Pienso salir de aquí a las seis de la mañana, pero tengo que estar antes de las seis de la tarde de vuelta.

— Diablo Xavier, ¡pero eso está cabrón! No sabemos cómo está el camino.

— Lo sé, pero yo lo que quiero es ver a Mya, lo último que supe de ella era que estaba llorando por que los vientos estaban entrando a la casa.

— Ok, ok. Yo ya me puedo ir, pero voy a esperar a mañana. He visto fotos y los caminos están bien feos. Prefiero tener el máximo tiempo de luz.

— Eso mismo dije yo. Si quieres nos encontramos. Pensaba llegar a Naranjito y dejar los carros hasta donde llegue y caminar.

— Yo estaba pensando lo mismo. Dejar el carro en algún lugar seguro y caminar.

— Ok, déjame hacer algo y preguntar a unos compañeros si saben de alguna ruta.

— Dale, perfecto.

— ¿Dónde te puedo llamar?

— A este número – expliqué toda la información para conseguirme–. ¿Tú tienes buena señal?

— No, de verdad que no sé cómo entró tu llamada. Pero dame como una hora y te llamo.

Al colgar pude entender lo que suponía el viaje de mañana. Xavier y yo íbamos a salir, pero no sabíamos hasta donde podíamos llegar. Quizás tendríamos que caminar desde el Pueblo y toda la 152, pero y ¿si no había paso desde antes de entrar a Naranjito?

Otra preocupación que llegaba, era el hecho de que mi carro se quedaría solo por no sé cuántas horas o quizás días. Yo llegaría a mi casa, pero salir de ella sería otra historia. Tenía que sacar todo lo de valor que hubiese en él, incluyendo el pasaporte, mis licencias profesionales, cuentas bancarias, dinero y todo lo que había guardado por miedo a que mi cuarto desapareciera. Realmente ya en estos momentos, estaba dispuesto a perder mi carro por lograr llegar a mi casa.

Para no dejar todo para última hora. Decidí ir a mi carro para localizar todo lo de valor. De este modo, cuando saliera a las 7:00 A. M. solo tendría que meter todo en mi bulto y no tendría que registrar todo de forma ajorada. Así lo hice, amontoné todo en el área del baúl. En ese viaje, también llevé mi maleta con los uniformes. Solo dejé dos *sets* de ropa para hoy en la noche y otro para cuando despertara. Lamentablemente, esa maleta sería uno de los objetos que se quedarían varados cuando dejara el carro. Al final, llené una caja de plástico que tengo en mi baúl con todo lo que valor. Ya

75

me sentía bastante listo, solo faltaba esperar a las siete y salir hacia lo desconocido.

Cuando estuve a punto de volver al Hospital, el sueño me estaba atacando y el estrés de lo sucedido me aplastaba como si fuera una pesa, opté por subir al último piso para ver si tenía suerte y entraba nuevamente algo de señal. Ya en la soledad de ese piso, tuve que esquivar varios charcos enormes. Aprecié el cielo, estaba completamente nublado, se parecía a todas esas películas sobre desastres naturales. El viento gélido me azotaba y no se escuchaba nada alrededor. Mientras los escombros decoraban el paisaje.

Tomé mi celular y lo puse en modo avión, sería la forma más rápida y sencilla de reiniciar el sistema de datos. Mientras esperaba unos segundos, miré hacia un gran estadio de *baseball*. Los gigantescos focos del estadio apuntaban en todas direcciones excepto hacia la arena. Más cerca del Hospital, un restaurante de comida rápida tenía el letrero de su línea empotrado contra los cristales frontales y todo el estacionamiento lleno de vidrios. Al quitar el modo avión, me quedé mirando fijamente como mi *Iphone* buscaba señal. Estuvo varios segundos hasta que de repente tres bolitas aparecieron en el área superior izquierda. No tenía internet, pero si señal.

Sin perder tiempo busqué el número de mi madre y llamé. Hubo silencio por unos segundos. Parecían

76

eterno el vacío en mi oreja. De momento comenzó a sonar. La emoción entró de golpe. La señal estaba intentando entrar. Mami debía tener batería en su celular y la comunicación estaba haciendo todo lo posible por poder entrar a mi campo. Esperé y esperé, hasta que de repente se cortó. Silencio. Desilusionado iba a cortar, cuando de lo más profundo del vació se escuchó.

— ¡FEN!

Era mami, estaba entrecortado, pero era ella. Su voz se escuchaba llorosa, lloraba de emoción. No tardé en imitarla. Quería preguntar si estaba bien, quería saber de Cocó, de todos. Quería decirles que mañana iba a salir con Xavier en una especie de misión para llegar a casa. Quería gritar que fue un caos en el Hospital. Quería confesar que había sido el peor día de mi vida, pero ya todo se estaba aclarando.

Cuando abrí la boca para hablar, las palabras me abandonaron. Tuve que tragar y respirar hondo para poder comenzar.

— ¡Mami!

— ¡Junito, es Fernando! ¡Fernando está llamando! – gritaba a papi. No estaba seguro si me escuchaba–. ¡Fen, estamos bien! – se cortaba–. ¡Fue horrible, pero estamos bien! Aquí esta Joseli…

77

Se cortó la comunicación. Me había pasmado al escucharla y perdí el tiempo de esa llamada. Tenía que volver a llamar, rezando por que volvieran a contestar y decirles todo de un golpe. Sin mucho detalle, solo quería que supieran que estaba bien y mañana iba a salir para ahí.

Volví a llamar. Fue el mismo procedimiento. Un vacío eterno, luego sonó varias veces y contestaron. Pero estaba vez no era mami, era la voz de un hombre que se parecía mucho a papi.

— ¡Es Joselito! – dijo–. La señal es bien poca, tenemos que hablar en el balcón y en altavoz. No podemos mover el celular.

— Ok, ok – organicé mis ideas–. Mañana voy a salir con Xavier a las siete para allá. Vamos a dejar los carros en algún lugar y caminaremos. No sé a qué hora llegue, pero llegaré.

Silencio. No estoy seguro si era por la señal o todos analizaban lo que dije.

— ¡No hay paso en la 152! – comenzó mami–. Cocó tuvo que bajar al Pueblo caminando

Esa línea me tranquilizó. Si mami sabía eso, significaba que Cocó había logrado llegar a casa.

— Dejen el carro en el Pueblo y de ahí caminen – ordenó Joselito.

— Sí, eso haremos – solo dije. Ya uno de los puntos importantes estaba cubierto ahora faltaba enterarme de lo más que pudiera sobre el bienestar de todos–. ¿Están todos bien?

— Sí, muchos árboles en el piso, pero la casa aguantó – dijo mami.

— ¿Y el hangar?

— También, Cocó llegó ayer. Dijeron que fue una pesadilla, pero aguantó.

— ¿Juanita y Bimbe?

— Bien. No podemos salir de aquí. La cuesta está completamente tapada – la señal comenzó a fallar.

— Los estoy perdiendo. Nada, mañana en la mañana salgo para allá. ¡Voy a llegar mañana!

Se cortó. Aunque fue una forma abrupta, me sentía bien. Un gran peso de encima se fue de la nada.

Con los ojos aguados, volví al Departamento. Sin embargo, la sonrisa, demostraba a todos que las lágrimas no eran por lo que pensaban. Entré al cuarto del oficinista, en el estaban varios tecnólogos entre ellos Vale y Lee.

— Supiste de tus papás – era más una afirmación que una pregunta.

— ¡Sí! – conté todo lo que había hablado con ellos y como pensaba subir el próximo día–. Sé que va hacer difícil, pero mañana me tiraré hasta donde llegue. Cualquier cosa viro.

79

— ¡Qué bueno! – me dijo Lee–. Yo pienso hacer lo mismo. No importa con lo que me encuentre, yo voy a llegar. ¡Necesito ver a mis hijos!

— ¿Y tú, Vale?

— No sé nada de Comerío. En casa no hay planta, imagino que ya no tienen batería – se escuchaba cansada–. Mañana saldré y que sea lo que Dios quiera.

Aunque fue una preocupación real, sentí que la próxima pregunta Lee la hizo para cambiar el tema. A Valeria se le notaba que lo estaba pasando mal, se veía desanimada y con sus ojos inundados. Debía ser desesperante, tener señal todo el tiempo, ver como estaba tu pueblo y no poder comunicarte con los tuyos.

— ¿Dónde conseguiste señal? ¿Qué compañía tú tienes?

— Fue en el estacionamiento, en el último piso. Tengo AT&T.

— Yo también. Pero no tengo señal.

— Si quieres vamos a subir y lo intentamos.

Estuve media hora contándole a todos que había logrado hablar con mis padres y que estaban todos bien. En eso, el supervisor del 3:00 P. M. a 11:00 P. M. logró llegar. Me sorprendió verlo, ya que él vive en el área de Dorado y habíamos escuchado que todo estaba inundado. El Sr. Cortés nos habló de cómo pasó el día. Se había levantado temprano para chequear que sus hijos estuvieran bien. En ese momento, me enteré que sus hijos trabajaban en una fábrica y mientras pasaba el huracán, él había escuchado por la radio que todas las fábricas estaban destruidas. Desesperado, como cualquier padre, salió con el primer rayo de luz. Vio toda la destrucción que se describía por la radio. Cuando llegó al área de las fábricas, descubrió que en parte era cierto lo que decían, estaban destruidas. Excepto en la que trabajaban sus hijos. Luego de comprobar que estaban bien, llegó a relevar al Sr. Prado.

Cuando Prado se fue, Lee me preguntó si podíamos ir al estacionamiento a intentar llamar. Obviamente acepté y subimos. Volvimos a pasar por el puente peatonal que ya estaba más recogido. Los chicos de planta física se veían limpiando los alrededores, con el agua hasta las rodillas.

— ¿Tú supiste lo de Valeria? – me preguntó en un tono triste.

— Emm, bueno no – me quedé pensando si me había dicho algo y no lo había entendido–. La he notado bien triste, pero imagino que es porque no ha podido hacer contacto.

— No, bueno también es por eso – íbamos dando brincos para evitar ahogarnos en los charcos del estacionamiento–. No sé si fue por *Facebook* o como, pero se enteró que el lugar donde iba a hacer la boda ya no existe.

81

— ¡¿Qué?! ¿En serio?

— Sí y ya estaba todo pago.

— ¡Wow! Ya la entiendo.

Cuando llegamos el último piso, justamente donde había hablado con mami. A Lee le llegó señal y cortó nuestra conversación. La emoción se le notaba en el rostro. Comenzó a teclear un número, para darle privacidad me alejé un poco.

Volví apreciar el cielo *post* apocalíptico. Debían ser como las 5:30 P. M. En ese momento recordé que debía dormir, entraba a las 11:00 P. M. para la guardia y posiblemente sería fuerte, ya estaban llegando los primeros estragos de María. Escuché una voz detrás de mí y cuando me volteé vi que Lee hablaba por teléfono. Me alegró saber que había establecido comunicación con alguien.

Mientras esperaba tomé asiento en un pedazo de cemento he intenté entrar a *Facebook*. Las pocas imágenes que me cargaban, eran de destrucción y amigos preguntando por sus familiares. La imagen más impresionante, fue ver el puente Plata, con el río tocando su cemento. Cuando dejó de funcionar el internet, intenté llamar a mi trinidad. Aunque no sabía qué les iba a decir si contestaban, necesitaba saber si estaban bien. De más estar decir que fue en vano, la llamada nunca salió. En un último intento, llamé a las

82

personas, que yo sabía, que estaban con las chicas, pero el intento fue igual.

Cansado, volví a mirar a Lee había terminado de hablar. Se estaba secando las lágrimas cuando llegué junto a ella. No estaba seguro si sus lágrimas eran de alegría o tristeza.

— ¿Conseguiste a tus chicos? – pregunté.

— No, nadie contesta – terminó de limpiar sus lágrimas–. Llamé a una amiga, necesitaba escuchar a alguien que no estuviera aquí – entendía completamente ese sentimiento.

— Verás que todos están bien, tranquila – volvimos por el puente peatonal, al final estaban varias enfermeras fumando.

En silencio, llegamos al Departamento, aunque todo estaba seco, tanto el piso como el techo recordaban lo mal que lo pasamos el día anterior. Opté por acostarme un rato, pero antes de meterme al cuarto de Datos, le avisé a la oficinista y a los tecnólogos que estaban presentes, que posiblemente mi primo me llamaría y si eso pasaba no importaba que yo estuviera durmiendo, que me levantaran. Todos asistieron y yo me encerré, en la oscuridad del frío cuarto. Me quedé dormido.

De repente siento que alguien abrió la puerta. Mi cuerpo se sentía cansado y me dolía todo. Efectivamente alguien me miraba, no podía ver quien era por la claridad que entraba. No fue hasta que habló, que supe que era Lucy.

— Tienes una llamada – lo dijo en el tono que una madre levanta a sus hijos. Un tono bajo y tranquilizador que hizo que me levantará relajado.

— ¡Gracias! Debe ser mi primo – Lucy cerró la puerta.

Cuando me levanté, busqué mis espejuelos y el celular. Aunque había parecido un minuto, ya eran más de las 7:30 P. M. Tambaleando, me puse en pie y tomé los zapatos. Cuando salí del cuarto, vi que el teléfono estaba descolgado sobre el *counter*.

— ¡*Hello*! – aún se escuchaba mi voz dormida.

— ¿Fen, has sabido algo? – fue su saludo.

— Ehhh, sí – me froté los ojos para despertar–. Logré hablar con mami – antes de que preguntara me adelanté–, pregunté por Aty y Juanita. También están bien, pero lo que me dijeron es que hay mucha destrucción, no hay paso para casa.

— ¡Ay! ¡Qué bueno puñeta! – sabía que eso era lo más que le importaba, después que su hija–. ¡Vi una foto del Taconazo!

— La vi, esta destruido – pacientes llegaban y me tenía que mover, estaba en el mismo medio del

84

pasillo–. Joselito me dijo que dejemos los carros en el Pueblo.

— Hablé con un compañero y me dijo que hay paso por los Pelusas, la carretera es mala, pero podemos llegar hasta Cuatro Calles.

— Perfecto, Cuatro Calles, es más fácil que caminar desde el Pueblo.

— Pero, tengo un problema.

— ¿Cuál?

— Me adelantaron el pase y tengo que salir a las 5:30 A. M, no sé si tú puedes – se escuchaba preocupado por ese cambio en el plan.

— Tranquilo que eso se resuelve rápido – en esos momentos el supervisor estaba saliendo de su oficina– ¡Cortés! – lo llamé– ¡Me voy mañana a las 5:30 A. M.!

— Está bien, déjalo escrito – fue lo único que dijo.

— Ya, ¡resuelto! – volví hablar con Xavier.

— ¡Perfecto! – dijo–. Otra cosa que te tengo que pedir es, si llegamos a Cuatro Calles, tengo que ir a ver a Mya primero.

— Tú tranquilo, con eso no hay problema.

— ¡Gracias! – se alivió–. ¿Llego al Hospital o nos encontramos?

— Si quieres nos encontramos. Creo que podría ser frente a Rexville.

85

— ¡Ok! Mañana te llamo cuando salga para que tú hagas lo mismo.

— Perfecto, cualquier cosa me llamas. Ya le dije a todos que, si me llamas, me busquen.

Corté la llamada y me quedé unos segundos pensando en lo que pasaría al día siguiente. El plan cambiaba por completo, ya no subiríamos la 152. Si llegábamos a Cuatro Calles teníamos más posibilidades. Contando con que en Cuatro Calles tenemos muchos más familiares y conocidos donde podíamos dejar los carros.

— ¡Te tengo una sorpresa! – Jannise me sacó de mis pensamientos– ¿Adivina quien llegó?

— ¡Bebecito! – como si estuviera esperando a que Jannise la presentara, la voz se escuchó desde dentro del *Pantry*. Era Lindy.

— ¡Bebecita! – le di un fuerte abrazo tan pronto llegó frente a mí– ¿Estás bien? ¿Tus nenes? ¿Tu casa?

— Sí están bien. ¿Tu familia?

— Hablé con mi mamá y me dijo que todos están bien. Mañana voy a salir hasta donde llegue mi carro, luego camino – nos metimos al *Pantry* para hablar.

— Ten mucho cuidado. Afuera está súper feo. Yo llegué bebiéndome las lágrimas.

Nos sentamos a hablar, le conté todo lo que había sucedido con todo y fotos. Lindy por su parte me dijo que en su casa no pasó nada de gravedad, solo se inundó. Pero cuando venía conduciendo fue que logró ver el desastre real. Ella salió desde Arecibo y condujo por toda la PR-2. Me relató que vio animales muertos, *banners* en el suelo, árboles en medio de las vías y lo más impresionante fue una avioneta metida dentro de un *dealer* para autos.

En la conversación, le dije como pensaba llegar a mi casa. Conté todo, que pensaba hacer la guardia y a las 5:30 A. M. iba a salir hacia Naranjito. Cuando ella escuchó mi plan, no sé si fue por mi semblante cansado, me ofreció hacer el turno de la guardia. Aunque estoy casi seguro que lo hizo para que yo descansara porque sabía que tendría un día largo, ella lo excusó diciendo que ella no arriesgó su vida, guiando desde Arecibo para trabajar hasta las 11:00 P. M.

— ¡De verdad! Yo hago el 11:00 P. M. a 7:00 A. M. Tú descansa.

— ¡Ay sí! Mejor hazlo tú – cedí–. Voy a comer algo, para dormir. Ya son las 9:30 P. M.

— Yo traje comida. Bueno es solo arroz, pero ahí hay.

— ¿Y tú que vas a comer?

— ¡No seas estúpido! ¡Coge! – Lindy se paró y buscó el arroz. En un plato plástico hecho la

87

mitad de lo que había traído–. ¿Tienes bebida? Aquí hay agua – dejó todo sobre la mesa–. Voy a chequear si hay paciente.

Con esas palabras, Lindy se fue, dejándome con la comida frente a mí. Al principio, tomé solo un poco de arroz en mi cuchara. Tan pronto ese sabor tocó mi paladar no pude parar, estaba exquisito. Comí, mientras pensaba en todo. ¿Qué haría cuando llegara a casa? ¿Me quedaría con mis padres y escucharía sus historias o saldría a verificar a mis otros seres queridos?

Sumergido en mis pensamientos, la comida se terminó. Había pasado una hora, comí más lento que nunca. No sé si fue por lo rico que estaba ese arroz o porque fue el único momento de relajación que había tenido desde que todo comenzó. Al terminar, limpié todo y salí del *Pantry*. Los chicos de la guardia llegaron y los que vivían cerca se fueron. Solo quedábamos Lee, Vale y yo del *team* original.

Josué había vuelto con los otros dos tecnólogos que siempre hacían las guardias. Hablé con Josué y me dijo que en su apartamento todo estaba bien, solo un poco de agua adentro, pero aparte de eso, nada había pasado. Los otros dos me hicieron historias parecidas y de cómo vieron todo destruido a sus alrededores. Apostaban a que el problema con la electricidad sería mucho peor que en el 1998 cuando pasó el huracán *Georges*, uno de los huracanes más fuertes de la última generación. Me

88

senté con ellos para discutir y ver algunas noticias que salían. Me enseñaron fotos, yo mostré las mías y así siguió pasando el tiempo. A eso de las 11:15 P. M, Lindy me dijo que me acostara, necesitaba descansar. Haciéndole caso, fui al baño que teníamos asignado y me di un buen baño. No sabía cómo, pero mientras me bañaba, pude darme cuenta que ese sería mi último baño con agua caliente en un buen tiempo.

De nuevo en el Departamento, me acomodé en el cuarto de Datos. Antes de acostarme, volví a donde los chicos y les pedí que si alguien me llamaba me levantaran sin importar la hora. Luego fui donde Josué y le pedí que, a la hora de la merienda, me buscara un sándwich para tener algo en el desayuno. Josué aceptó sin pensarlo. Pero antes de acostarme me falta algo más, cuando encontré a Lindy le dije que si no me veía a las 4:30 A. M. en pie, que entrara al cuarto y me levantara. También aceptó sin refutar.

Ya en la fría oscuridad del cuarto de Datos, me tomé dos pastillas más para el dolor y me tiré al *mattress* inflable. Le pedí a Victoria que me permitiera descansar para poder encontrarnos con los nuestros. Hablando con Vicky de todo, me quedé dormido a eso de la media noche.

90

22 de septiembre de 2017

Hacía mucho frío, buscaba desesperadamente arropar cada parte de mi cuerpo con la fina, pero caliente, sábana. Incluso en medio de la noche, busqué mi abrigo para calentar un poco mi pecho. Aunque mi sangre luchaba por calentar todo, mis ojos nunca se abrieron, siempre estuve dormido. No soñé nada, solo estaba en un cuarto oscuro descansando. El aura de paz se rompió cuando sentí que la puerta del cuarto de Datos se abrió. Un rayo de luz interrumpió en la oscuridad. Una silueta se asomaba por la puerta.

— Bebecito, son las 4:40 A. M. – Lindy hablaba suave.

Al escuchar la hora desperté de golpe. No había escuchado mi alarma. Busqué por todos lados mis espejuelos y me senté.

— ¡Buen día! – le agradecí a Lindy, ella desapareció al cerrar la puerta.

Volví a quedarme en la fría oscuridad. Tenía que pensar cómo moverme. Me quedaban 50 minutos para que Xavier llamara y saliéramos hacia lo desconocido. Lo primero por lo que me preocupé fue por desayunar, se suponía que Josué me hubiese buscado algo de la merienda y en la maleta tenía algunas cajas de

91

cornflakes. Otro punto importante, es que necesitaba ropa. Iba a dejar mi carro en algún lugar desconocido y con él se quedaría todo. Decidí ir al carro y traer conmigo un uniforme verde que siempre dejaba por si acaso. Aunque tenía fe en que podía llegar a casa, sabía que existía la posibilidad de que tuviera que buscar refugio. No podía perder el tiempo, me puse en pie. Cambié mi pijama por el uniforme negro que pensaba quitarme tan pronto tuviera el uniforme verde. Al salir del cuarto, los muchachos atendían pacientes y Josué atendía una llamada. Aún soñoliento caminé hasta un baño disponible para lavarme la cara y la boca. Al volver al cuarto del oficinista, saludé a todos. Ya Carmen estaba lista para su turno del 7:00 A. M. a 3:00 P. M.

— En esa bolsa esta tu sándwich – Josué señaló hacia la fotocopiadora, mientras seguía en su llamada.

— ¡Gracias! – contesté y fui hasta la bolsa.

Con ella en mano, caminé hasta el *Pantry* para poder calentar un poco el café y sándwich de la merienda. Le di unos pocos segundos y mientras calentaba, salí hacia la segunda misión antes de irme.

— Voy al carro, vengo ahora – comenté al aire.

Luego de esas palabras salí hacia el multipisos del Hospital. Los pasillos estaban vacíos. Llegué hasta el Café. El frío de la madrugada se adueñaba de todo y

92

hacía que las temperaturas bajaran. Mientras pasaba por el puente peatonal, miraba a todos lados. Parecía el típico lugar de películas de terror.

Al igual que todo el puente, el multipisos estaba vacío. Llegué a mi carro lo más rápido que pude pensando en que Xavier podía llamar en cualquier momento. Con la misma velocidad que llegué, tomé el uniforme verde y bajé hasta al Departamento. Ahora, mientras bajaba, sí me topé con varias personas que se saludaban efusivamente y contaban brevemente lo que había pasado y como estaba todo afuera. Por lo que entendía era un día nublado y frío, pero hasta ahora, no llovía.

Como si hubiese robado una fortuna en un banco, entré al cuarto del oficinista y metí a la fuerza el uniforme a mi bulto. Carmen, que se dio cuenta del poco espacio que tenía decidió ayudarme.

— ¡Vete a comer! Yo te acomodo eso.

Al estilo de señora mayor, Carmen dobló lo más pequeño que puedo el *set* mientras yo fui al *Pantry* a comer. Tuve que volver a calentar todo porque había pasado casi diez minutos. Ya solo faltaba media hora para que Xavier llamara. Mientras desayunaba, pensaba en todo lo que vería y tendría que estar preparado para lo que fuera. En esos momentos Lindy entró, pensé que me diría que tenía llamada, pero al contrario, se sentó

93

frente a mí y comenzamos hablar de todo lo que había pasado en la noche.

Diez minutos después, ya me había despedido de Lindy que se fue a darse un buen baño para acostarse a dormir en el mismo Hospital. Carmen había salido a comer algo al Café y Josué no sabía donde estaba. Cuando entré al cuarto del oficinista, encontré mi bulto con el uniforme cuidadosamente acomodado. Ya tenía todo listo, simplemente guardé la mitad del sándwich en uno de los bolsillos, por si me daba hambre en el camino.

Esperando la llamada, Souffront entró al cuarto. Él comenzó apuntar los pacientes que había atendido mientras me preguntaba qué pensaba hacer. En pocas palabras, resumí la conversación que había tenido con mis padres, Xavier, el Gordo y las fotos que había logrado ver. Él por su parte hizo varios chistes sobre cómo llegar a la jungla de Puerto Rico, como él le dice, de cuantas lianas rotas tenía que pasar y se mofó del valor que había adquirido mi pueblo, diciendo que con $10,000 lo compraba completo. En turnos regulares, peleábamos por eso y yo le rebatía recalcando que en mi pueblo la criminalidad no era tanta como de donde él proviene, pero esta vez no lo tomé a mal, y hasta incluso, aporté a los chistes.

Pasaron veinte minutos más, hasta que una idea golpeó mi mente. Una compañera de estudios de la

94

escuela elemental trabajaba en Sala de Emergencia. Aunque no sabía si aún vivía en Naranjito, no perdía nada verificando si ella había logrado llegar. Advertí a Souffront que iba a ir rápidamente a Sala de Emergencia, si alguien me llamaba que por favor dejara la llamada en *hold*, yo no me tardaría.

Cuando llegué a la Sala de Emergencias el caos era evidente. Todos los cubículos estaban llenos. Contamos con más de 25 cubículos. Aproximadamente 15 tienen capacidad para dos pacientes, cinco solo para uno y uno de ellos podía aguantar hasta 10 pacientes en sillones de rueda. Más la mitad repartido por los pasillos. Esto sin contar los familiares de pacientes y todo el personal que ahí trabaja. Había mucho ruido, en los pasillos se escuchaba las diferentes historias de los pacientes. Las más recurrentes eran los pobres pacientes de diálisis, en su desespero por la falta de centros acudieron al Hospital. Pregunté en el *counter*, por la enfermera, pero me respondieron que no había podido llegar. No me sorprendió para nada. Ya que estaba en el área decidí dar una vuelta por todos los cubículos a ver si por casualidad veía algún rostro familiar. Aunque fue bueno no ver a nadie conocido, la incertidumbre me seguía comiendo.

Llegando al Departamento, Souffront no me dejó entrar al cuartito. Cuando me vio pasar, rápido me abordó, diciéndome lo que quería escuchar

95

— Un tipo te llamó – escuchaba el tono burlón–, me dijo que llegaras donde acordaron ayer – por un segundo pensé en responder, pero sabía que sería inútil–. No sé lo que vayas hacer, pero éxito con eso.

— ¡Gracias! – fue lo que dije riendo y tomé mis cosas.

Quise despedirme de los demás, pero ninguno estaba en el pasillo. Como ya eran las 5:30 A. M. salí corriendo hacia el estacionamiento. Mi carro seguía en el mismo lugar desde el martes, aunque el huracán había arrancado cosas y movido un poco los carros, el mío estaba intacto. Al prenderlo, esperé que calentara. Mientras lo hacía, hice un chequeo rápido de las cosas que tenía en el bulto. Comida, ropa, pasaporte, dinero, licencias, computadora, cargadores, agua, dulces y mis niños, los cuarzos de Seba, Victoria, Neft y Mya.

Antes de arrancar, recordé que tenía que ir con calma. No importaba que la carretera estuviera vacía, los objetos en ella serían muchos y no era buena idea quedarme sin una goma en medio de este apocalipsis *post* María. Aún el cielo estaba nublado y hacia un poco de frío. Se podía predecir que estaríamos varios días más con el cielo parcialmente nublado.

Antes de arrancar, opté por encender la radio he intentar buscar una estación. Como era de esperarse todas las estaciones FM estaban en el suelo. Nunca

96

había escuchado, por mi cuenta, las estaciones AM, o sea se me hizo una eternidad encontrar una que estuviera al aire, hasta que recordé a mi madre. Ella pelea por sus viejitos del 580 y Wapa Radio. Yo siempre la criticaba ya que pienso que, para evitar el estrés del mundo, es mejor no escuchar a esos viejitos pesimistas. Cuando encontré la estación, comenzaron hablar, la estática era asquerosa, pero estaban dando información.

Empapándome de información y todos los materiales listos, decidí comenzar mi viaje. Era hora de cruzar el tan hablado destrozado Bayamón, encontrarme con Xavier y llegar a nuestro destino… ¡Naranjito!

Al salir del estacionamiento del Hospital, vi lo que todos decían. Aún en la avenida se podía apreciar por donde pasó el Río Bayamón. Los pocos árboles que quedaban en pie, estaban desnudos. Ninguna hoja se quedó en sus ramas. Pasando por la carretera 5 de Bayamón, tuve que esquivar los gigantescos árboles que bloqueaban todo un carril. También los *billboards* de los que hablaban mis compañeros. Muchos semáforos no existían y los que quedaban tenían sus luces apuntando hacia todas direcciones menos la correcta. El cielo seguía dando una imagen apocalíptica y hacía desaparecer todo pensamiento optimista. Puerto Rico había quedado destruido, cosa que nunca pensé ver. Las

97

carreteras estaban vacías, los negocios cerrados y muchos destruidos. Incluso, llegué a pasar locales y me encontraba sus letreros a varios kilómetros.

Me sentía en un limbo, conduciendo a poca velocidad para poder apreciar la destrozada vista. Del trance logré salir cuando escuché algo interesante en la radio. Desde que me había montado al carro, solo escuchaba de los lugares que necesitaban electricidad urgente, como salas de emergencias. Otra crítica que se escuchaba frecuentemente, era la falta de las comunicaciones. Era intolerante que, en el siglo 21, los municipios no estén preparados para una catástrofe como esta.

Ahora hablaban de la unión como pueblo. De olvidar la competencia. El locutor que estaba en ese momento, no sé el nombre porque nunca los escuchaba, pedía que cualquier locutor, reportero, periodista, alcalde o agente del medio se reportara a la estación de Wapa Radio. Ellos eran los únicos al aire y por la falta de comunicaciones se les hacía difícil hacer contacto con todos los municipios. El locutor pedía, olvidar todo y que llegaran, se le iba a dar espacio para que trajeran noticias y pudieran informar al pueblo.

En este momento vi la catástrofe. Ver como todos se unían me hizo entender que lo que había sucedido era lo más grande hasta el momento, el más grande golpe a la isla. El viaje hasta Rexville fue sin mucho problema,

98

simplemente esquivaba los escombros. La radio comenzó a criticar al gobierno y en ese momento perdí el interés.

Estacionado frente al centro comercial en espera de Xavier, comencé a conversar con Victoria. Me gusta discutir cosas con ella. Aunque sé que es un personaje de mi imaginación, la veo como mi parte sabia, la parte de mi cerebro que se encarga de encontrarle un modo filosófico a las cosas. Le pregunté por Seba y cómo fue que logró aguantar mi casa para que no volara como todos los negocios que habíamos visto por el camino. También conversamos sobre como Neft y Mya lograron disminuir la fuerza de los vientos justamente en el momento preciso. Los minutos pasaban y seguíamos pensando en todos. De pronto, la preocupación me comenzó a atacar cuando me di cuenta que tenía a una niña que no se había reportado. Ya Seba había protegido a mis padres, Leo a mi hermano, Neft y Mya a la isla, pero y Emma. No sabíamos nada de la trinidad. En ese momento Xavier se estacionó frente a mí. Para terminar, los pensamientos de Emma, me juré que luego de poder ver a mis padres, iría a ver a mi trinidad.

Xavier y yo nos comunicamos por señas. Nuestro viaje por lo que quedaba de Bayamón pasó sin más problemas. Las ansias de llegar a mi pueblo hicieron que no apreciara la destrucción por la que pasamos. Llegar a la entrada del Puente Atirantado provocó una

99

sensación extraña en mi interior. Era el momento de ver lo que nadie decía, ver lo que no salía en las redes. El desvió antes del puente estaba relativamente bien. Solo algunas ramas en medio, pero nada que nos dificultara el camino. Pasamos por el tramo del puente y todo estaba bastante normal, milagrosamente las letras que nombran el pueblo seguían en pie.

El primer golpe fue en la salida. En tiempos buenos, la bienvenida y salida del pueblo de Naranjito era acompañada por tres astas que alzan las banderas de Naranjito, Puerto Rico y Estados Unidos. La bandera de los Estados Unidos, no existía. La asta de la bandera de Puerto Rico estaba doblada por el medio y la bandera de Naranjito, estaba rota a la mitad. Parecía como si miles de cuchillos la hubiesen atacado, pero ella se defendió dignamente.

La devastación comenzó al pasar esas banderas. Todo el tramo estaba acompañado por derrumbes. En ocasiones solo había espacio para un solo carro, ya que la tierra se había adueñando de todo. Llegando al punto donde se encontraba una gran estación de gasolina Puma, un grito de sorpresa se me escapó. Estaba completamente destruido. El techo había volado y las bombas estaban por los suelos. La puerta fue forzada y un vagón, no estoy seguro qué tenía, estaba completamente virado en una esquina. El golpe de esa imagen hizo que la tensión explotara. Mis ojos se aguaron y estoy más que seguro que los de Xavier también, pues redujo la velocidad drásticamente.

Continuamos por el desvió hasta llegar frente al hospital SIM de Naranjito. Varias letras volaron y ningún árbol estaba en pie. Aunque el desvió estaba devastado, no pudo con la imagen que se apreciaba a nuestra izquierda. En la colina del Cerro se pudo apreciar como la fuerza de María azotó a los naranjiteños. Aproximadamente un 40% de las casas, visibles, no tenían techo. Los ojos no aguantaron más y dejaron bajar las lágrimas. Volví a preguntar a Victoria, cómo mi casa había aguantado.

Mientras más destrucción veía, más ganas tenía por llegar a mi casa. Necesitaba ver a los míos. Al terminar el desvió un gran letrero, tipo área restringida, bloqueaba el camino que continuaba por la carretera 152. Nos desviamos hacia Jardines, no era sorpresa que, si la 152 estaba bloqueada, la carretera 810 estaría igual. Pasando por el pequeño camino, reducimos bastante la velocidad y pude apreciar las casas, o, mejor dicho, los lugares que hasta el 19 de septiembre tenían una casa. Se notaba que los vecinos del área se unieron, porque los escombros fueron movidos de la carretera.

Lo más que dolía cuando veíamos una casa destruida era; ver la ropa, fotos y pertenencias de sus antiguos dueños. Era doloroso pensar en todo el sacrificio que tuvieron que pasar, mucho de ellos personas mayores, para poder tener su hogar y que en unas cuantas horas no tuvieran nada.

Xavier se detuvo justamente en el cruce de Achiote. La tentación de ir a ver a dos de mi trinidad se hizo intensa, pero tuve que aguantarme. Al estacionarme tras Xavier, me bajé para poder hablar.

— Me dijeron que la carretera de Los Pelusas está bastante limpia – me decía, mientras me daba la mano como saludo–. De ahí llegamos a Cuatro Calles, veo a Mya y para casa.

— Perfecto, yo te sigo – dije mientras miraba todo el lugar–. ¿Viste lo jodio que esta todo? ¡Esto está cabrón!

— Esto es bien triste, quiero llegar a casa. ¡Esto esta cabrón! – repitió.

En ese momento una guagua salió de Achiote. Por obra del destino. Un hermano de mami salió de su barrio y nos encontró. Rápidamente Xavier se bajó y los saludó a todos. Estaba con sus hijos. Rápidamente le preguntamos si estaban todos bien. Nos dijeron que sí, pero la casa de sus suegros, no había aguantado. Nos preguntó por Juanita y le dijimos que sabíamos que estaban bien. Pero íbamos en camino.

Del resto, no recuerdo mucho. Nunca había pasado por esa peligrosa cuesta. Estaba tan enfocado en no chocar con algún escombro o en no caerme por uno de los barrancos que lo único que recuerdo era pasar por fango, casas y esquivar cableado eléctrico como si no hubiese un mañana. Me sentía en una carrera de obstáculos. Sin saber cómo, llegamos a Cuatro Calles. Ya en este punto me sentía más cómodo guiando. Luego de pasar por un peligroso tramo, que solo podías pasar en medio del barranco y una montaña de barro, identifiqué donde estaba. Xavier estaba desviándose para ver a su hija.

El encuentro con Mya fue más rápido de lo que pensé. Xavier se bajó, y sacó un pequeño bulto con varias cositas para la niña. Había juguetes, comida y ropa. Cuando vi la tierna escena me bajé para darle unos dulces que tenía en mi bulto, sabía que eran los favoritos de Mya; los M&M. Xavier fue hasta la casa y tocó la puerta varias veces hasta que alguien salió.

Decidí darle un espacio para que tuviera su momento. Estuve varios minutos observando la vista. Realmente la neblina, no dejaba ver mucho, pero ahí estaba. Volví a mi carro saqué el uniforme verde y me cambié. Sabía que la hora de caminar por el fango estaba llegando.

Cuando terminé de cambiarme, Xavier estaba fuera de la casa. Aunque no dijo nada, sé que tuvo que haber llorado cuando vio a su hija, o al menos eso yo hubiera hecho en su posición. Ver que su hija estaba bien luego del monstruoso paso de María por la isla, debería ser el alivio más grande que cualquier padre tendría. En esos

103

momentos recordé a mis compañeras. Deseaba que hubiesen logrado llegar a sus casas y que todos estuvieran bien.

Xavier caminó directo a su carro y con una seña de la cabeza me dio a entender que había hecho todo. Íbamos para nuestra casa. Luego de dejar la casa de los abuelos de Mya, llegamos a la escuela de Cuatro Calles; la Felipa Sánchez, mi antigua elemental. En tiempos normales, de la Felipa a mi casa son unos 4 a 6 minutos en carro. Pero dos días luego de María, el tránsito para carros normales estaba bloqueado. Por donde era la carretera se veía un fango rojo que domina en esta área. Un fango que es tipo baba que se adhiera a los carros y hace fallar los frenos. Era imposible que nuestros carros deportivos pasaran por ahí.

Xavier y yo nos estacionamos en un lateral frente a una casa y nos bajamos. Estuve varios segundos esperando a que alguien saliera a reclamar su estacionamiento, pero solo salieron a saludar y decirnos que el paso era imposible. La cooperación de las comunidades me seguía sorprendiendo.

— ¿Arrancamos a pie? – me dijo Xavier luego de hablar con las vecinas.

— Vamos, déjame sacar mi bulto y seguimos.

— Tienes que tener cuidado con esos zapatitos.

— Sí, lo sé – miré mis *crocs* en tela de trabajar. Sería un sacrificio, pero no logré encontrar nada. En cambio, Xavier llevaba botas de goma que eran perfectas para la ocasión–. Pero que se joda, no tenía nada más.

Empezamos a bajar la cuesta hacia el fango rojo cuando escuchamos una bocina detrás de nosotros. Nos dimos la vuelta y el ruido de un gran motor nos inundó. Una gran guagua *pickup* 4X4, perfecta para pasar por encima de la devastación estaba parada detrás de nosotros. El conductor se bajó. Nuevamente por obra del destino, el conductor era el hermano del jefe de Xavier. No dudó en ofrecernos trasporte.

— ¡Qué bueno verlos! – dijo el conductor tan pronto nos montamos.

— Igual, gracias por montarnos – contestó Xavier, íbamos los dos apretados en la parte de atrás–. Este es mi primo – me presentó.

— Mucho gusto – respondí–. ¡Gracias!

El hombre contestó y comenzó su camino. Pasamos por encima de todo ese babote rojo. La *pickup* se movía para todos lados y peleaba por pasar, definitivamente mi *corollita* no iba a tener oportunidad. Era sorprendente como la tierra reclamaban su espacio.

— Xavier, te tengo que advertir – comenzó el conductor–. No puedo ir por la carretera porque hay un tramo donde la montaña se fue completa. Están bloqueados ambos carriles, hay piedras,

105

árboles y de todo. Incluso la carretera está cediendo y se puede derrumbar completa.

— No te preocupes, tú déjanos donde creas. Nosotros seguimos a pie.

— No, no estás entendiendo – lo corrigió–. No hay paso de ninguna forma. Hay más de 15 pies de fango, es imposible pasar, se pueden hundir.

— ¿Y por dónde podemos pasar? – se escuchó desesperado– Yo necesito ver a los viejos.

— Hay una forma. Yo te voy a dejar frente a una casa – dijo el nombre del dueño, pero no lo recuerdo–. Pasan por el patio y sigan las huellas. Llegarán hasta la entrada de *Cedro Abajo Burger*.

Como había prometido el hombre, nos dejó justamente frente a una casa y caminamos hacia el monte. La hierba estaba mojada y el fango resbalaba. Tenía que tener cuidado extremo, porque un tobillo roto era lo menos que se me antojaba. Xavier me abría camino con sus botas de goma y me decía los lugares seguros para pisar. Bajamos completamente, y de repente comenzamos a subir. De vez en cuando pisaba un poco y mi pie se hundía hasta los tobillos, pero rápidamente lo sacaba, no era nada que nos atrasara. Nos tuvimos que aguantar de bejucos que colgaban para poder subir las montañas de fango y luchar por el equilibrio. Todo iba bien hasta que de repente en una bajada, la gravedad me traicionó. Provocando que

106

pisara más fuerte de lo que debía. Mi pierna se comenzó a hundir hasta llegar al nivel de la rodilla.

Aunque me laceré un poco con las ramas que había en el fango, pude doblar mi pierna libre y así evitar una herida seria. Intenté sacar mi pierna usando mis manos. Coloqué ambas manos en el fango he hice fuerza hacia arriba. En vez que subir, hice todo lo contrario. Mis brazos se comenzaron a hundir. Moví mi pie y la única forma que podría salir por mí mismo era dejando el zapato ahí debajo, pero luego sería imposible caminar por la montaña que nos quedaba, sin contar lo que vendría luego. Xavier se dio cuenta rápido de lo que pasaba y volvió sobre sus pasos para darme una mano. Me haló por los brazos y con mucho esfuerzo el fango soltó mi pierna.

Limpié un poco la capa de fango que cubría mi uniforme y volvimos al camino. En ese momento se escuchó una risa burlona desde arriba de nuestras cabezas. Cuando miramos, vimos a dos ancianos parados en el balcón de *Cedro Abajo Burgers*. Mi mente se emocionó al saber que estábamos cerca, sin embargo, la de Xavier se enfureció.

— ¡Cabrones! – gritó–. ¡Si supieran por lo que estamos pasando!

Nunca estuve seguro si los ancianos eran tan viejos para que les fallara la audición o nunca nos estuvieron viendo. Porque el grito de Xavier fue bastante alto, pero ninguno de los dos ancianos nos miró. Se quedaron hablando entre ellos.

Varios minutos subiendo entre las húmedas hojas, logramos salir a una carretera embreada. Estábamos en una pequeña comunidad. Seguimos el único camino hasta llegar a la carretera que conecta Cuatro Calles con la 152. Al llegar a ella, nos olvidamos de los ancianos. Estábamos a solo pasos de la 152 y a menos de cinco minutos de nuestra casa.

Literalmente Xavier y yo corrimos hasta llegar al cruce de Cuatro Calles. Íbamos a comenzar a bajar por la 152 hacia casa, pero la vista nos detuvo. Del fondo del estacionamiento del Restaurante La Parrillada, bajaba un río desde la montaña. No hay que especificar que no estaba ahí. El agua pasaba por la carretera y erosionaba la montaña.

Frente a La Parrillada esta la cuesta de la casa de titi Gloria, las palmas que una vez decoraban el lugar, ahora estaban cruzadas en medio del camino impidiendo el paso. Más abajo, en la principal, la base de un poste de cemento había cedido provocando que el poste amenazara por caer a la carretera. El cableado cruzaba por todos lados y para poder pasar, tenías que doblarte o pasarle por encima.

A la carrera de obstáculos se le añadía escombros que no sabía de donde provenían. Zincs, madera, ramas, fango, gomas y de todo lo que puedas imaginar. Cuando

108

salimos del asombro escuchamos unos gritos desde casa de titi Gloria. Era el Gordo y Glory.

— ¡Gracias! – les grité, aunque no entendía lo que decían, mientras agitaba la mano.

La alegría de pasar el primer obstáculo se desvaneció al ver lo que había frente a casa de titi Fela, hermana de mi abuela Juanita y de titi Gloria. Un árbol gigante había bajado desde la montaña y tapaba completamente la carretera. Parecía una araña gigante con grandes patas hechas de madera.

En medio de las patas había dos personas. Una era una mujer que estaba intentando ayudar a un hombre. Eran dos hermanos, primos de mami. Daisy peleaba con su hermano para que pasara entre el laberinto de ramas y fango. Al parecer él no se dejaba ayudar y Daisy se fue hacia la casa de su madre, ella se veía aturdida. Xavier siguió de largo, pero yo no tuve la fuerza para dejarlo ahí atorrado en el fango, y menos, pensando en su sobrepeso. Si ese hombre se caía tenía grandes posibilidades de romperse algo.

— Ven, dame la mano – pude notar que una de sus manos era ocupada por una bolsa llena de panas–. Dame las panas, para que puedas aguantarte.

— No, yo puedo pasar – y como en una mala película de comedia, solo terminó la frase y se cayó de nalgas en el fango. Ambos pies se hundieron.

— Déjame ayudarte, no hay hospitales para estar rompiéndonos los tobillos – se lo dije medio en broma, pero era la realidad.

— No, yo lo hago – volvió a decir. Dejó las panas a un lado y metió sus manos en el fango, con mucho esfuerzo sacó sus chancletas de ahí y haló de sus piernas.

Al ver que no quería mi ayuda, me rendí y seguí mi camino. Tuve que pasar entre todo ese laberinto, caminé esquivando todo, incluso gateando para poder pasar. Luego de salir de esa araña de madera y fango, me encontré en un buen plano, estaba frente a la casa de titi Fela, nadie estaba en el balcón. Lo que si pude apreciar fue el derrumbe de la montaña frente a la casa. Se notaba que los familiares tuvieron que sacar mucho fango.

Cuando me di cuenta, Xavier no estaba. Seguí hacia la curva antes de mi casa y al doblar, vi con mis propios ojos una de las fotos de la destrucción. El Taconazo estaba destruido. Y el local de hojalatería y pintura que estaba detrás, no existía. Un gigantesco derrumbe que provenía de la casa de titi Gloria había sepultado todo. Más de cien bambúes impedían la vista hacia el local. El fango cubría hasta la mitad de una guagua Tacoma que posiblemente estaban arreglando antes del huracán. El derrumbé había sacado otra guagua desde dentro del taller y la terminó estrellando contra lo que era el balcón del Taconazo. Aunque era realmente impresionante, tenía que llegar a casa.

Si pensaba que la foto que me envió el Gordo era impresionante, estar parado en medio de ese derrumbe era algo casi imposible de describir. La montaña en la que se asomaba la parte detrás de mi casa estaba casi completa en la 152. En la carretera, el fango se acumulaba. Un camino entre el lodo estaba marcado, muchas personas pasaron por ahí. Mientras caminaba, tenía que ir mirando hacia el suelo para poder esquivar los escombros. Tuve que pasarle por encima a diferentes cosas como, por ejemplo; herramientas del taller de hojalatería, partes de autos, gigantes tubos de desagüe e incluso una jaula que se estaba haciendo para uno de los perros de Cocó.

Aún mirando hacia el suelo, un grito hizo que toda mi piel se erizara. Volvió a gritar y mis ojos se aguaron, lentamente subí la mirada y provenía de la persona que imaginé.

— ¡FEN! – gritaba mami desde arriba de toda la montaña. Se veía diminuta en medio de tanta destrucción– ¡Junito! ¡Fen llegó! – volvió a gritarle a papi.

Mi única reacción fue levantar los brazos. Quería gritarle, pero mi voz no salía. No podía creer que había logrado llegar a casa, no podía creer que aún tuviera casa. Necesitaba llegar, necesitaba tocar a los míos.

111

Comencé a acelerar el paso, pero cuando miré hacia la cuesta, me detuve en seco.

No existía. No había paso. Para comenzar frente a mí había una base de fango de al menos dos pies sobre la carretera. Aunque nunca supe donde estaba el poste, varias líneas principales interrumpían el paso. Los cables atraparon un tronco no muy grueso y formaban un tipo de "T". La escena, parecía un pantano. Del fango salían ramas que no entendía como llegaron ahí, pensaba que en cualquier momento vería algún animal acechando.

Cuando me arriesgué a entrar a ese pantano de fango y escombros, comencé brincando un tronco. Cuando mi pie tocó el suelo, se hundió como si fuera arena movediza.

— ¡Hay paneles en el fango! – gritó mami que seguía parada mirando lo que hacía, cuando la miré vi otras figuras a su lado. Debían ser papi y Cocó.

Luchando para que mi zapato no se quedara en las profundidades, logré sacar el pie. Como dijo mami a pocos centímetros con una leve capa de fango, había una superficie bastante limpia. Al analizar nuevamente el terreno, pude encontrar que algunos buenos samaritanos hicieron un camino con paneles de madera para que el paso fuera más fácil. Por lo que veía, el movimiento a pies tenía que ser bastante alto.

112

Logré salir del pantano, pero aún tenía otra dificultad. Cuando me paré frente a la Placita Don Mayo, analicé como subiría por donde se suponía estaba la cuesta. Primero tuve que pasar un tipo de tela de araña hecha por cables eléctricos que me tapaban la vista. Donde se supone que estaba la cuesta, ahora tenía una montaña de tierra, ramas y escombros de casi 7 pies. La única posibilidad que encontré de cruzarla, sería por una palma caída que podía servir como puente.

Sin saber si lo lograría, me planté frente a la palma y comencé a escalar. Coloqué mi pie en un escalón de tierra y cuando hice toda la fuerza se desboronó. Caí abajo. Como segunda opción, usé mis brazos, me agarré de la palma y con todas mis fuerzas logré subirme a ella como si fuera un caballo.

Jadeando por el esfuerzo, busqué hacia donde dar mi segundo paso. Mi espalda comenzaba a gritar, el peso del bulto estaba provocando mucha presión. Frente a mí solo quedaban finas ramas. Luego de eso, era un poco de tierra y ya veía la cuesta. A varios pies de donde terminaba el fango, pude ver varias figuras. Si mis ojos no me engañaban, debían ser abuelo Bimbe y Cocó esperándome.

Luego de esos segundos de respiración, me lancé a terminar de subir. Utilicé la pata de una antigua carpa que estaba enterada en el derrumbe como soporte. Una rama me cortaba el camino, y para pasarla tuve que

113

arrodillarme y pasar por debajo. El gran caparazón que creaba mi bulto hizo que perdiera el equilibrio y casi me caigo. Tuve que quitarme el bulto, pasarlo primero y luego pasar yo.

Después de salir de esa mini jungla que había en la entrada de mi casa ya era un poco más sencillo. Aunque había troncos gigantes, ramas y hojas, estaban hacia un lado, imaginé que Pity, Cocó y los que estaban en casa abrieron un pequeño camino para poder moverse.

Llegué al primer plano, la casa de mis abuelos, y como me lo imaginé al primero que vi fue a Bimbe. Le di un fuerte abrazo.

— ¡Muchacho que jodios nos dejó María! – fue lo único que me dijo.

Al lado de él, estaba Cocó con un abrigo amarillo tipo "Georgie" de la película *"IT"*. También le di un fuerte abrazo. Aunque mami me dijo el día antes que estaba bien, no le creí hasta que lo vi. Según todo lo que escuché y vi, se suponía que su casa se hubiese destruido, y posiblemente el estaría herido o algo peor. Pero al contrario de todo, estaba ahí, bien.

— ¡Deja que te cuente todo lo que ha pasado!

En ese momento miré hacia mi casa. Aunque estaba en su sitio, todo lo demás estaba destruido. El gran árbol de panapén, había tirado todas sus ramas a mi cuesta y no había forma de pasar. Pensar en una tragedia aquí

114

sería espantoso, si alguien hubiese sufrido algún tipo de mal, sería mortal. Nadie podía entrar, ni salir. Entré a la casa de mis abuelos y busqué a Juanita. Estaba haciendo café, como típica abuela de campo. Le di un fuerte abrazo y seguí para mi casa. Parado frente a la cuesta, analizaba cómo subir. Cocó me señaló el camino y fue más fácil de lo que pensaba, ya lo tenía cuadrado. Al final, arriba donde había un gran claro, que se suponía estaba el ranchito de las fiestas familiares, estaban mis dos padres esperando mi llegada.

Pensé que este momento no llegaría. Luego de estar cuatro días afuera, pasar por el huracán más fuerte de la era moderna y ver tanta destrucción, llegar frente a mis padres fue la mejor sensación. Caminando y corriendo a la vez me tiré encima de mi madre. Entre llantos me dijo palabras que no entendí, pero no importaba. ¡Había llegado!

No sé si la sanación de paz y *confort* fue tanta, que mis lágrimas no salieron. ¡Me sentía seguro! Cerré mis ojos y agradecí.

— Victoria, hemos llegado – pensé, estaba casi seguro que ella abrazaba a Seba.

En la oscuridad, sentía que alguien más entró al abrazo. Cuando abrí los ojos, no sé cómo, pero estaba abrazando a papi.

— ¡Sobrevivimos! – dijo con su voz temblando– ¡Sobrevivimos!

115

Ahí fue que miré la casa. No se cómo lo hizo Seba, pero estaba completa. Lo único que se había roto fue una pequeña ventana que no llegaba a ningún lugar. Pero el resto, estaba bien. Analizando, los tensores que servían como tormenteras se podía ver que había luchado con todo. Estaban completamente sueltos he incluso había roto los zincs que formaban el techo. Pero, aunque la casa estaba bien, los alrededores no. Árboles que llevaban toda mi vida ahí, ya no existían, y eso dolía. El ranchito donde todas mis amistades *jangueaban*, tampoco. El techo de mi estacionamiento se había ido y de los bambúes que delimitaban el terreno, no queda ni la mitad. Mirando más al fondo, podías ver como las montañas tenían huecos marrones, parecía como si un misil hubiese chocado contra ellas. Siguiendo con esos pensamientos, seguí mirando todo desde la altura de mi casa. Mi barrio estaba irreconocible, parecía como si fuera el área cero de alguna explosión nuclear o algo parecido. María vino a recordarnos que no somos inmunes.

— ¡Ven! ¡Vamos a desayunar! – aún llorando, mami me tomó del brazo y me llevó a la casa.

— ¿Qué hora es?

— Son las 10:30 A. M. – me sorprendí. Me tomó cinco horas llegar a mi casa.

Antes de poner un pie en la casa, me detuve en seco. Estaba todo enfangado y no quería ensuciar. Se podía apreciar que dentro había pasado un torbellino, pero mami había logrado resolver la situación, como siempre lo hace. Todos entraron menos yo, a los pocos segundos mami volvió con un vaquero gastado que encontró y una bolsa plástica. Me fui a una esquina donde nadie me viera y me cambié rápidamente.

Al entrar a la casa, se notaba un aura diferente, no era a lo que estaba acostumbrado. Primero la falta de luz era palpable. Había cables por todo el recibidor. Papi había creado un tipo de circuito para poder prender la nevera, gracias a un inversor conectado a la batería de la guagua de mi madre. Segundo, la molesta estática, acompañada de la información de última hora de la radio AM se escuchaba por toda la casa. En ella seguían dando información de los diferentes pueblos. Hablaban alcaldes y organizadores del gobierno sobre el lugar que declararon como COE, Centro de Operación de Emergencia, para reunir todos los funcionarios que trabajarían en estos días luego del desastre.

Fui un momento a mi cuarto para dejar mi bulto. Al entrar, un fuerte olor me atacó. Mami había regado diferentes tipos de perfumes para poder aliviar el olor a humedad. Mi cama estaba desvestida y no tenía alfombra, pude deducir que el agua había entrado. Cuando abrí mi bulto, noté que alguien me había dejado varios periódicos dentro. Quizás fue la oficinista del

117

7:00 A. M. a 3:00 P. M. Los tomé para dárselos a papi y que pudiera saber un poco de lo que sucedía fuera. Antes de salir del cuarto, lo observé completo. Por muchas horas pensé que nunca lo volviera a ver así. Saqué el cuarzo de mi pecho y con un fuerte apretón y un beso, lo agradecí.

— ¡Fen! Ya está listo el desayuno – el olor lo delataba. Mami había hecho un buen revoltillo con tocineta, tostadas y café.

Efectivamente, cuando llegué a la mesa mi plato me esperaba. El desayuno fue como recargar mis baterías. Aunque llevaba días sin dormir bien y me había levantado temprano, no tenía sueño. Al contrario, quería hablar y saber todo lo que había pasado.

Entre bocados, les conté a todos lo que había vivido en el Hospital. Intenté no dejar detalles, pero estoy seguro que algo se me escapó. También conté la desesperación que sentían mis compañeros que aún, 4 días después, no sabían de sus familiares. Cuando terminé de detallar todo, papi aún seguía comiendo y no hablaba. Por otro lado, mami solo tomaba café, esperando su turno para contar su historia.

— Por lo menos sabíamos que estabas seguro. El Gordo y Juan Luis bajaron ayer y me dijeron que lograste comunicarte – comenzó–. ¡Aquí fue horrible! Nosotros estuvimos un ratito en la sala, pero cuando comenzó fuerte nos dio mucho miedo. Tuvimos que movernos para el *closet* de mi baño y ahí sentarnos los dos.

— ¡¿En el *closet*?! – estallé–. ¡Pero eso es bien pequeño!

— Ahí pasamos como 15 horas – al fin habló papi–. Mami hizo unos silloncitos, con los *comforter* que ella tiene y nos sentamos uno frente al otro.

— ¡Más bueno que quedó! – añadió mami–. Yo sentía que el viento hablaba.

— Tenías que ver a tu mai – dijo papi un poco más jocoso–. Ella gritaba "Maríaaa, ¿tú no eres la madre de todos?"

— ¡Oye, yo sentía que no iba a acabar! Fueron tantas horas – se defendió.

Para pasarla metidos en el *closet*, que solo hay como tres pies libres, tuvieron que haber estado bien asustados. Pero hay que reconocerles que fue una sabia decisión. Esa área de la casa es en cemento, a diferencia de lo demás.

— En una yo intenté ver qué estaba pasando afuera – volvió a contar mami–, y cuando vi que el ranchito no existía y los árboles tocaban el piso, me metí al *closet* y recé. De repente en un momento de la tarde comenzamos a ver como el agua llegaba hasta nosotros. Con mucho miedo la seguí, obviamente cuando escuché que los vientos no eran tan fuertes, para buscar de donde venía. Tenía miedo, pensaba que el techo se había ido, pero no, todo se estaba metiendo por las esquinas. En el techo se podía ver por donde se metió el agua, había partes verdosas. En ese momento recordé el cristal roto. Posiblemente por ahí se metió el agua que arrastraba el viento. Pensando en que el único daño que había tenido mi casa, fueron las inundaciones, volví agradecer. Con toda la destrucción que había visto, un poco de agua sería lo mínimo que nos pudo haber pasado.

Luego de escuchar toda la historia de mami, como María le gritaba y ella le contestaba. Pasamos a como Pity llegó a las 6:00 A. M. Al ver que estaban bien, todos bajaron a ver a Juanita. Mami cuenta que mientras veían toda la destrucción que había a su alrededor, los derrumbes y las casas en los suelos, papi se desesperó y quiso irse a chequear a Cocó. Por obvias razones, papi no pudo salir. El camino era súper difícil y por su condición no podría llegar muy lejos.

La suerte que tuvo mami, fue que ese mismo día, a eso de las 8:00 A. M. Cocó llegó a casa. Al verlo llegar les sacó una gran preocupación de encima. Antes de que ellos hablaran yo los interrumpí.

— ¡Para! – le dije a mami–. Deja que Cocó me cuente todo.

— Bueno – Cocó se veía nervioso, posiblemente no había superado ese día–. Nosotros la pasamos súper mal. Luego que se cortó la comunicación a las 5:00 A. M. intentamos dormir. Creo que lo logramos, por al menos dos horas. Porque ya a las 7:00 A. M. los vientos eran demasiado fuertes, se escuchaba como la turbina de un avión. Sergio y yo estuvimos despiertos casi todo el tiempo. Cuando todo comenzó, estaba bastante bien. Comíamos dulces y hablábamos. Pero de repente una de las ventanas de mi cuarto explotó. Al principio pensaba que era perspectiva mía, pero yo veía que el hangar se elevaba como si fuera un hongo y caía. Las primeras veces lo intenté *pitchear*, pero luego fue inevitable. Yo solo pensaba que todo se iba a ir volando y no sabía qué hacer. Me dio un ataque de pánico y empecé a llorar. Gritaba que parara, que pararan los viento. Estuvimos así casi 4 horas – paró para tomar un poco de café–. De repente, no sé de donde saqué valentía y le dije a Sergio que teníamos que bajar. Como abajo todo es cemento, si el hangar se iba podíamos aguantar un poco. Así hicimos. En la parte de abajo, comenzamos a ver como el *rollingdoor* azotaba por el viento. Intenté hacer un plan por si explotaba y le dije a Sergio "Si el *rollingdoor* se va, tenemos que abrir

121

la puerta de atrás. El viento tiene que salir por algún lado." Pero pensando ahora. Si explotaba y abríamos la puerta, no sabía que más hacer.

Oficialmente, entre mami y papi sentados por 15 horas en el *closet*, yo pelando por sacar agua y correr por todos lados en el Hospital y Cocó pendiente a que su casa no volara. El peor que la pasó fue Cocó.

— ¿Tuvieron que hacerlo? ¿O resistió la puerta? – yo sabía que el hangar estaba bien, pero no sabía si intacto.

— No, en la tarde, como a las 6:00 P. M. dejó de soplar fuerte y salimos. Pensamos en bajar hasta aquí, pero comenzando había un derrumbe que no me dejaba sacar el carro y ya era de noche para poder caminar – respiró–. Decidimos dormir, pero tan pronto salió el sol arrancamos. Nos encontraos a muchas personas intentando abrir paso, pero estaba bien difícil. Había derrumbes del tamaño de una casa y árboles que complicaban todo. La única forma de salir de Anones era caminando. Y eso hicimos. Comenzamos a caminar y caminar. En el proceso nos encontramos a muchas viejitas que nos decían que era imposible y que nos veían virando. Ahora pensando; creo que llegué aquí, más por no darle la satisfacción a las viejas esas. Nos tardamos como tres horas en llegar, tuvimos que subir por montañas y volver a bajar, tirarnos al piso y había pedazos de carretera que no existía.

— ¡Llegaron llenos de fango! – interrumpió mami.

— Lo más cabrón era ver las casas destruidas como si en se lugar nunca hubiese habido nada. Tu veías las cosas de las personas que vivían ahí, entre fango y escombros, de verdad era para pelos. Daba una tristeza cabrona – en sus ojos, se veía que tenía esas imágenes bien grabadas–. Hubo un derrumbe que azotó una casa y se la llevó para el risco con todo y carros.

— ¿Vacía o con personas? – por poco me ahogo, eso se escuchaba como una escena de película.

— ¡Con personas! Me contaron que tuvieron que meterse a un sótano y de ahí las lograron sacar.

— ¿Hay muertos?

— Hasta ahora, no.

— Imposible con todo lo que ha pasado.

— Por lo menos eso es lo que sé.

De verdad con la escena de guerra que me relataban se me hacía imposible aceptar que todos estuvieran vivos. Obviamente me hacía sentir bien pensando que todos estaban ilesos, pero un huracán de tal magnitud tuvo que haber dejado más que destrozos.

— ¡Oye! ¿Tú pasaste por Huellas? – preguntó Cocó al terminar de desayunar.

— Dito Huellas, esta cabrón – agregó mami.

— Emmm no, yo no pasé por ahí – dije–. ¿Qué le pasó a Huellas?

— Ja, ¡no existe!

— ¡¿Qué?! – por poco escupo lo que me quedaba de café.

— Pues literalmente, ¡no queda ni el piso! – Cocó se puso en pie–. Si quieres, mejor vamos a verlo. Porque es difícil de describir.

— De una vez vayan al puesto a ver que queda – comentó mami.

— ¿El puesto? – estaba confuso– ¿Está abierto?

— ¡Nene no! – me dijo mami.

— ¡Ese puesto tampoco existe! – rio Cocó–. Se calló todo el techo y explotaron los cristales. Dicen que el jefe regaló todo, pudimos traer agua y algunas cosas para comer. Pero la gente está cabrona, todos peleando por alcohol.

— Sí, ellos robaron en el puesto.

— O no, ¡nos los regalaron!

No sabía a que año había caído Puerto Rico. Era impresionante escuchar que todo el barrio había saqueado la gasolinera de la comunidad. Aunque si era verdad eso que el jefe regaló todo, fue una buena obra. Posiblemente muchos perdieron todo y no tendrían ni siquiera de beber o comer. Para dejar que se dañe todo lo que había en el lugar, era mejor regalarlo. Quería pensar que esto no era una anarquía, si no un acto de bondad.

Cocó me dijo que íbamos a explorar, también me advirtió que me llevara un bulto por si acaso. Fui a mi cuarto y vacié todo lo que tenía en el mío. Como no sabía que exactamente meter en mi bulto, fui al cuarto de Cocó a ver que hacía. De espalda, él colocaba sobre su cama dos botellas de agua, dos cajas de *cornflakes*, una caja con un *kit* de emergencias, linterna y lo más que me sorprendió fue lo último. No sé qué había pasado en estos cuatro días que estuve fuera, pero me comenzaba a dar miedo.

— ¿Un cuchillo? – no podía creer como incluía el arma blanca en su bulto.

— Uno nunca sabe lo que se encuentre. Te darás cuenta que hay mucho movimiento en la 152. Como los carros no pueden pasar, todo el tiempo hay personas caminando. Hasta el momento, no hemos tenido ningún problema, pero es mejor prevenir.

— Me siento como en *The Walking Dead.*

— Literalmente, solo faltan los *zombies*. Vas a ver mucha destrucción y las personas caminando en grupos. Verás que todos buscando comida, agua o a sus familiares.

Sorprendido volví a mi cuarto he imite al 100% el bulto de Cocó. No podía creer que un pueblo como

125

Naranjito, que, aunque no era lujoso, todos tenían sus pertenencias, celulares, carros, comida en todos lados y ahora estaban como en el tiempo de los indios cazadores.

Ya tenía todo mi atuendo de explorador. Un vaquero viejo, el uniforme verde, el bulto con comida y utensilios de emergencia, pero solo me faltaban los tenis. Nunca he sido una persona fanática de los tenis, así que solo cuento con *converse*, chancletas y mis ex zapatos del trabajo. Así que luego de pensarlo por un largo rato, decidí ponerme las *converse* más viejas que encontré. Terminaron siendo una edición especial de la editorial *DC Comic* que contaban con un loco diseño del *Joker y Harley Quinn*.

— ¡Fen! ¿Estás listo? – gritó Cocó.

— Sí, ¡ya voy! – salí del cuarto y todos me miraron. Cocó tenía nuevamente su abrigo de "Georgie".

— ¿Vas a dañar esas *converse*?

— Estas son como de hace 7 años – las miré–. No tengo más ninguna.

— Bueno, veamos si te conseguimos una de estas – Cocó se señaló las botas de goma que usaba para trabajar con sus perros.

— ¿Para dónde van? – preguntó papi.

— Estaba pensando ir un momento a Anones – comenzó Cocó antes de salir–. Después, quizás bajar para que Fen vea todo lo que pasó.

— Si pueden den una vuelta por el Bronco – papi pidió que visitáramos a un amigo para asegurarnos que estaba bien.

— ¡Dale! Cuando bajemos de Anones, vamos rápido.

Cuando se estableció el plan, Cocó y yo fuimos los únicos que salimos. Bajamos por todo el laberinto de ramas y cables que había en la cuesta. Pasamos frente a la casa de Juanita y Bimbe, pero nadie nos vio. Cuando llegamos al gran derrumbe antes de la carretera principal, no tenía idea de cómo bajar.

— Usa la palma de chorrera, es más fácil – hábilmente, Cocó se deslizó de espalda por la palma y cayó parado abajo.

Antes de tirarme, comencé a ver todo el movimiento en la 152. En mis 24 años, nunca había visto algo así. Esta carretera raramente era ocupada por caminantes. Sin embargo, eran las 11:30 A. M. y ya veía a diferentes familias subiendo y bajando. Me trepé en la palma, como me dijo Cocó y todo tembloroso me deslicé. ¡Logré caer de pie!

Cuando me volteé para buscar a Cocó estaba hablando con dos hombres que bajaban. Al analizar a los chicos, veo que son amigos de hace mucho tiempo de mi familia. Eran padre e hijo. El padre era bien amigo de mi papá y preguntaba por el viejo. Cocó le contaba todo, mientras el hijo, era el esposo de una buena amiga

127

mía. Luego de preguntarle por ella y ver que todo estaba bien, continuamos.

El tramo de mi casa a donde está la Parrillada se hizo eterno. Por el hecho de que la mayoría éramos familia nos deteníamos a preguntar por todos. Vimos a tías, primos, amigos y conocidos de toda la vida. Luego de un fuerte abrazo, todos contaban brevemente lo que sucedió. Algunos se lamentaban, otros lloraban, mientras que los más optimistas agradecían por estar vivos.

Pasamos la Parrillada y al llegar al restaurante Zapacú, vimos que había una muchedumbre de personas. Era extrañó ver a todas las edades reunidas en ese lugar. Se podía notar que muchos ni se conocían, ya que se aislaban en pequeños grupos. Aquí también vi a varios conocidos que saludamos he informamos de todo.

— Al parecer este es el único lugar que hay señal – me aclaró Cocó–. Ponlo en modo avión y quítalo – me dijo al ver que miraba mi celular.

Como dijo, había señal. Me entraron pocos mensajes y logré enviar uno. Escribí a mi jefe que todo estaba bien y había podido llegar a mi casa. También le aclaré que el domingo no iba a poder llegar al turno, ya que actualmente mi carro estaba lejos de mi casa. Luego de eso quise entrar a *Facebook* para comprobar que funcionaba. Afortunadamente cargaron varios *posts*. La mayoría eran amigos escribiendo para sus familiares. Mientras miraba, encontré un *post* de una conocida, su estado me dio una información muy importante. Hablaba de una de las chicas que forma la trinidad. Decía que estaba bien, pero no tenía nada de señal. Aliviado, porque Emma ya comenzaba a dar sus reportes, guardé el celular y esperé a que Cocó terminara.

No pasaron dos minutos cuando Cocó me dijo que siguiéramos. Nos movimos unos segundos más y vimos el carro de Cocó. Justamente en el inicio de la cuesta de los Paganes. Esa cuesta estaba limpia, sin embargo, el tramo de la 152 que seguía hacia el Centro Comercial estaba completamente tapado, para comenzar un gran flamboyán evitaba la entrada de cualquier carro.

Nos montamos al carro de Cocó y comenzamos a subir. Al principio íbamos en silencio, escuchando la maldita estática de la radio AM y los diferentes reporteros. Hablaban de una tragedia que ocurrió en Toa Baja, donde una familia se ahogó cuando a su casa de le metió el río. Al llegar a la casa de unos familiares, me sorprendí. Estaba completamente destruida. Toda la madera estaba en el suelo y los cristales no existían. No sé qué me sorprendió más, ver la casa así o haber hablado con la dueña hacía unos 15 minutos y notarla tan positiva.

129

— Diablo y que van hacer ahora, con ese *baby* que viene en camino – seguía mirando la casa.

— De verdad que esto ha estado cabrón – Cocó solo miraba la carretera–. Créeme en estos días hemos visto unas historias cabronas. A cualquiera lo joden. ¿Supiste lo de Sergio?

— Emmm no, ¿pero él no estaba contigo?

— Sí, pero cuando salimos para casa de mami y papi. El hermano lo llamó.

— ¿El que está en Estados Unidos?

— Ese mismo. No sé cómo consiguió señal, pero Sergio me dice que rápido que contestó, lo escuchó llorando. Sergio se quedó pasmado y solo le decía que estaba bien, que estaba bien. Cuando el hermano logró tranquilizarse le dijo que él estaba en *Facebook* buscando información sobre lo que veía y vio un *live* de una persona del Cerro.

— No me digas…

— Sí cabrón, el hermano vio como la casa de Sergio se fue volando.

— ¡Eah diablo! ¡Eso no se hace!

— Tú te imaginas, si Sergio no contestaba, él se iba a volver loco pensando lo peor – se calló por un segundo–. No te he contado lo más cabrón.

— ¿Qué puede ser peor que eso?

— Pues ayer, luego de eso y ver a mami y papi. Obviamente Sergio estaba desesperado por ir a su casa – antes de seguir, aclaró–. Como él sabía que su casa era de madera y existía la gran posibilidad que se fuera, movió todas las cosas de valor para el piso de abajo, que es en cemento.

— Ahh por lo menos.

— Sí, pero ayer cuando bajamos al Pueblo para ir a su casa, nos encontramos que unos cabrones que viven ahí mismo, se le metieron y se robaron todo lo que se salvó.

— ¡¿Qué?!

— Sí, cabrón. Se llevaron el televisor, *Xbox*, dinero y hasta comida.

— Para qué carajo quieren un *TV* o *Xbox* si no tienen luz.

— Ellos lo hicieron por hacer el daño. Son unos cabrones.

Salimos de los Paganes, pasamos por Feijoó y entramos al barrio Anones. Como el resto de las carreteras de Naranjito, tuvimos que esquivar ramas, postes y tendido eléctrico. En ocasiones nos detuvimos para dejar que los demás carros pudieran pasar ya que sus carriles eran ocupados por motones de tierra. Mientras veía la gran destrucción que María dejó en Anones, recordaba que los vientos más fuertes se sentirían en los lugares más altos y sin duda, Anones era el punto más alto de Naranjito. La destrucción era muy parecida al resto que había visto. Casas que solo se quedó el suelo y ventanas que explotaron. Pero lo más que me sorprendió fue ver una casa de cemento rota a la mitad tipo *"Titanic"*. La tierra que servía de suelo, había cedido y con ella se llevó la casa hacia el risco. De momento llegamos a una cola de carros. Cocó comentó que debía ser la estación de gasolina. Estuvimos varios minutos peleando para no golpear ningún vehículo y cuando llegamos al centro de todo, Cocó tuvo razón. El tapón se debía a la larga cola que creaban los carros para entrar a la estación. Había dos filas; una de carros y otra de personas con galones. Posiblemente para sus generadores eléctricos.

Como si la radio nos escuchase en ese momento comenzaron hablar de las largas filas que se formaban en las estaciones. Los locutores, hablaban de cómo las personas se paraban por largas horas, se reportaron personas que estaban hasta 10 horas de pie y el camión con gasolina nunca llegaba. El problema mayor que estaba ocurriendo en la isla era la gasolina. Aunque había camiones de más, no tenían la forma de llegar. Y pensándolo ahora, Naranjito sufría de ese problema. Con la 152 cerrada, era imposible llegar, e imagino que las personas estaban comenzando a caer en caos.

Pensando egoístamente, mi carro estaba lleno y no tenía generador en casa, así que ese problema de la gasolina no me estaba afectando, por el momento. Logramos pasar el caos y seguimos hacia el hangar. Luego de pasar por un gran hoyo creado en la carretera, llegamos. Como me dijeron todo estaba bien, excepto el árbol que estaba al frente, solo quedaba el tronco y las ramas más gruesas. Justamente antes de comenzar a subir, Cocó se paró en seco.

— ¡Mira una bota de goma! – señalaba emocionado hacia una cuneta–. Bájate y cógela.

Como dijo, me bajé y la recogí. Estaba completamente sucia. Por dentro estaba llena de agua y fango. Sin pensar en las miles de enfermedades que podían tener dentro, la limpié por encima y la metí en el baúl.

Volví al carro y comenzamos a subir hacia el hangar. Primero pasamos por la casa de unos ancianos, vecinos de Cocó, y cuando comenzamos a subir específicamente por la cuesta que llegaba frente al hangar, Cocó volvió a parar en seco.

— ¡Otra bota!

Esta vez no me bajé, porque estábamos a mitad de cuesta. Cocó subió y se metió directamente a la casa para darle comida a los perros. Mientras él hacía eso, yo le dije que me encargaría de buscar la bota y limpiarla. Para mi suerte, la bota que encontramos era par a la otra.

Con la poca agua que tenía, limpié las botas lo mejor que pude y me las puse. Aunque me quedaban un poco

133

grande, no era nada que me molestara. Verifiqué como iba Cocó. Como aún estaba trabajando con los perros, preferí quedarme mirando el destrozado horizonte.

Sentado en el suelo de lo que se supone fuera un *gazebo*, pensé en todo lo que había pasado. En modo automático, llevé mi mano hasta mi pecho. Encerrando en mi puño a Sebastián. Llevaba varias horas sin hablar con él. Comencé agradeciéndole e imaginándolo sentado a mi lado. Tuvo que haber sido una lucha difícil. Lo imaginé recibiendo todas esas ráfagas mientras usaba sus alas como escudo. También me disculpé con él, por obligarlo y usarlo como si fuera un simple protector. Pero si no lo hubiese hecho, posiblemente no tendría casa y en el peor de los casos, ni familia.

Varios minutos después Cocó ya había terminado con todo. Me puse en pie y volvimos al carro, ya era tiempo de volver a casa. Recorrimos la misma ruta de vuelta, volvimos a pasar por la estación de gasolina, pero esta vez estaba vacía y tenía un letrero que leía "NO HAY GASOLINA". Ahora si veía el caos que las personas crearon. En un tiempo *record* vaciaron el gas que quedaba. Seguimos nuestro camino y logramos llegar nuevamente hasta el principio de la cuesta de los Paganes. Volvimos a caminar, pasamos por el Sapacú lleno de personas con sus celulares. Volvimos a pasar la araña de ramas que había en casa de titi Fela. Por el gran

134

derrumbe que destruyó el Taconazo y subimos por la palma que nos llevaba a nuestra casa.

Solo estuvimos unos minutos y volvimos a bajar. Cuando pasamos por casa de Juanita y Bimbe, Pity se unió a nuestra expedición. Bajamos con la misma dificultad que la primera vez. Estando en la carretera principal, quise grabar toda la destrucción que había. Sería bueno tener fotos y videos para generaciones futuras.

Pity, Cocó y yo comenzamos a caminar por la 152 en dirección a Bayamón. Los tres llevábamos nuestros bultos por si encontrábamos algo para nuestras familias. Íbamos en silencio, mientras yo analizaba todo. Pasamos por la casa de Glory y seguimos bajando. Cuando llegamos donde se supone que estaba Huellas, me tuve que detener simplemente a mirar. No podía creer lo que me enseñaban mis ojos. Aunque todos me advertían que no existía, verlo frente a mí era impresionante.

Lo único que quedaba era el suelo. Parecía que ese solar nunca tuvo un restaurante. La única evidencia que quedaba del antiguo lugar eran los rastros en la 152. En la misma carretera estaban las neveras, el gran extractor he incluso carnes todas regadas. Intentaba analizar qué pudo haber destruido todo. Muchos pensaban que pudo haber sido un tornado, pero creo que lo que destruyó Huellas fue un río que los viejos decían que cruzaba por la montaña que estaba detrás. Lo que me hacía pensar que un gran golpe de agua golpeó el restaurante. Bajamos un poco más y llegamos hasta el Bronco. Dentro de todo, lo que era La Vida y el *Autopart*; Piezas del Centro, estaban bien. Justamente al frente era donde estaba el desastre, la estación Puma. Era impresionante, el techo estaba completamente en el suelo. No se podía acceder a las bombas de gas por los pedazos de zincs. El letrero del lugar estaba a muchos pies de su lugar de origen. Seguimos acercándonos al local y estaba vacío. La puerta estaba abierta de par en par y varios cristales no existían.

Cuando entramos, había pedazos del techo que no estaban y podíamos ver el cielo. Para poder caminar teníamos que esquivar los escombros que colgaban. Impresionantemente, todas las góndolas estaban vacías. No quedaba nada comestible. Entramos a la gran nevera y lo único que quedaba ahí dentro eran varias cajas de bebidas energizantes. Como entramos a la estación, salimos. Sin nada en las manos.

Seguimos a la siguiente misión, chequear al amigo de papi. Pasamos frente a la Vida y comenzamos a bajar por una gran cuesta. Al fondo donde se supone que había un puente, lo que quedaba era un gran hoyo. La única forma que teníamos para pasar era un puente creado por pedazos de madera, que no se veía nada seguro. Dejamos que Cocó pasara primero, luego Pity y yo. Al llegar a la casa del amigo de papi, no lo encontramos. Le dejamos un mensaje y decidimos volver. Con las mismas dificultades y con miedo de caer en el hoyo, volvimos al Bronco y caminamos hasta casa. Llegamos a casa y debían ser casi las 3:00 P. M. Mami tenía la mesa lista. Parecía que sabía justamente cuando íbamos a llegar. Nos sentamos y comenzamos hablar.

— ¿Qué vieron?

— Pues todo parece *Walking Dead* – comentamos–. Todos suben y bajan en grupos.

— Ayer vi algo que me jodió – dijo Cocó–. Una nena, porque no tenía más de 25 años, con un bebé en las manos y un bultito. Iba llorando y no me atreví a hablarle. Ella siguió subiendo.

— ¡Wilma! – dijo papi– Cuéntale que tú también aprendiste cosas de tus novelas.

— ¡Estúpido! – dijo mami riendo– Pues cuando yo escuchaba el viento, sentía que no podía respirar. Yo levantaba mis brazos sobre la cabeza y cogía mucho aire.

— ¿Funcionaba?

— Bueno, estamos aquí.

Seguimos hablando mientras comíamos. Discutimos lo que escuchábamos en la radio. Mami contó una historia que escuchó. Hablaba del papá de un hombre, supuestamente conocido, que en medio del huracán le dio un infarto. El señor murió y él tuvo que quedarse con el cadáver hasta que todo pasó. Pensando en esas situaciones es que uno se da cuenta que muchas personas lo pasaron peor que nosotros. Las historias que se contaban serían muy interesantes de aquí a 20 años.

— ¿Fernando que vas hacer con tu carro? – preguntó papi.

— Bueno creo que podemos dar una súper vuelta y dejarlo en los Paganes – Cocó contestó antes que yo–. Si quieres yo estoy pensando bajar al Pueblo. Te puedo dejar y coges el carro.

— Podemos hacer eso, pero yo bajo con ustedes. Si quieres llegamos a la Felipa en tu carro y seguimos en el mío hasta el Pueblo.

Ya con ese plan en la cabeza, salimos a ejecutarlo. Como Cocó dijo que iba para el Pueblo, yo podía desviarme a chequear a la trinidad. Como a las 5:00 P. M. salimos Cocó y yo. Pity se añadió al grupo cuando nos vio bajar.

Llegamos hasta el carro de Cocó y arrancamos. Desde los Paganes a la Felipa estuvimos casi media hora. Tuvimos que subir por todos los Paganes, llegamos a Feijoó, luego Cedro Arriba hasta Congelados Criollos, pasamos por las Sabanas y de ahí llegamos a Cuatro Calles. Esta de más agregar que el camino fue asqueroso. Pasamos por fango, árboles y muchos obstáculos.

Agradecí cuando vi mi carro intacto. El carro de Xavier no estaba, supuse que se había ido para el trabajo. Dejamos el carro de Cocó y nos movimos al mío. De ahí volví por el camino que había pasado en la mañana. De Cuatro Calles pasamos por los Pelusas y llegamos al Pueblo. En el viaje Cocó me contó todo lo que vio cuando fue a pie hasta el Pueblo. Lo más impresionante fue que subió por el Cerro de Naranjito hasta Anones. Literalmente él subió por todo un risco hasta llegar a su casa.

Cuando entramos al Pueblo, dejé a Pity y Cocó, yo seguí para casa Emily. Cuando pasé por la Plaza, me dolió ver todos los árboles que se describen en "Torbellino de Alas" en el suelo y cientos de changos muertos. Donde fue la batalla de Wanda[9] y Seba, estaba completamente diferente.

Al salir del Pueblo una idea me chocó. Intentaría entrar Achiote a chequear a dos de mi trinidad y luego iba donde Emily para llegar antes de las 7:00 P. M. a recoger a Cocó y Pity. La carretera estaba vacía, solo necesitaba unos minutos para asegurarme que estaban bien y ya. Pero al llegar a la entrada de Achiote había una brigada recogiendo escombros. Sentía que eso fue una señal y viré.

---

[9] Personaje de la trilogía Torbellino de Alas, escrita por Fen Rivera

Entrar hacia Barrio Nuevo fue un proyecto. Aunque tenía un carril bastante bueno, los bambúes y el tendido eléctrico tapaban partes. Sin mucho problema, llegué a casa de Emily. Les toqué bocina y todos salieron. Hablamos casi por cuarenta minutos. Me contaron todo lo que pasó y yo les mostré las fotos. Le dije a Emily que, aunque no había visto a nuestros abuelos, sabía de Joselito y él nos dijo que todos estaban bien. Tony fue el que me advirtió que se suponía que a las 7:00 P. M. comenzaba el toque de queda. Cuando nos fijamos, ya eran las 6:45 P. M. Me tuve que despedir de ellos y arranque para el Pueblo.

Conduciendo por el Pueblo, encontré a Pity y Coco. Ambos al verme salieron a mi encuentro y arrancamos para dar la súper vuelta. Todo estuvo tranquilo hasta que llegamos al Puma de Jardines. Había un caos igual o peor que el de Anones. Estuvimos más de 20 minutos para poder pasar. Volvimos a pasar por los Pelusas hasta Cuatro Calles. Aquí nos dividimos en los carros y tuvimos un pequeño problema, ya que comenzó a llover y el fango creó un babote que hizo patinar los carros. Cuando logramos salir de ahí, seguimos por la Sabana hasta Congelados Criollos, de ahí llegamos a Feijoó; Y finalmente, a la cuesta de los Paganes.

Cuando nos bajamos, ya la noche había caído y era bien oscura. Pity, Cocó y yo sacamos los cuchillos de los bultos y encendimos los *flashlight* de los celulares.

Hicimos un tipo de circulo para que nuestros celulares alumbraran todo. Admitimos que nos dio un poco de miedo, ya que pensábamos que nos miraban desde la oscuridad. Cuando llegamos a la recta que se veía mi casa, había alguien detrás de nuestra casa con una linterna apuntando hacia la carretera. Pensamos que era mami y seguimos. Cuando llegamos frente al Taconazo, nos dio un olor a muerte. Nuestras mentes comenzaron a crear historia, pero terminamos coincidiendo en que podía ser unos perros de la calle que se pasaban por ahí.

— ¡Miren son las 8:30 P. M.! ¡Se los van a llevar preso a todos! – nos gritó mami tan pronto llegamos a casa.

Nos reímos de su *show* y le contamos todo lo que habíamos visto. Como no teníamos generador eléctrico, todo estaba a oscuras. Cocó se las ingenió, colocó un galón lleno de agua encima del *flashlight* de un celular y alumbró todo. Papi tenía encendida la guagua para mantener fría la nevera.

— ¿Quieren café? – todos tomamos.

— Fui a ver a Emily y todos están bien, en la casa no pasó nada.

— ¡Por lo menos! – dijo papi– Lucy está quedándose con Crucito.

— Yo estoy pensando ir mañana – dije–. Ahora tenemos que planear todo – nos reímos.

141

Tomamos el café con un poco de queso de papa mientras escuchábamos la radio. Seguían llegando reporteros, haciendo historias sobre lugares que ya no tenían comida ni nada de beber. Pedía que todos se quedaran en sus casas para que las carreteras estuvieran libres para los servicios de emergencia.

Mami volvió a contar como la pasó en el *closet* y Cocó contó su historia. Habló de cómo el pánico lo atacó y sentía que nunca iba a acabar. Por mi parte, yo hablé de todo el caos en el Hospital y como mis compañeros trabajan con el miedo y la incertidumbre. Estuvimos casi una hora hablando cuando de repente la alerta de emergencia nos silenció a todos.

Fue la primera vez que escuché como se llevaba a cabo un mensaje de emergencia real. Escuchar la desesperación que el locutor intentaba ocultar hizo que toda mi piel se congelara. El mensaje hablaba sobre la inminente destrucción de la represa de Guajataca. Realmente la isla se encontraba en un caos real.

Con ese último mensaje, decidimos apagar la radio he irnos a dormir. Ya eran las 10:30 P. M. y había sido un día largo. Antes de acostarme, me di un baño a cubito. Aunque el agua estaba congelada, me vino muy bien. Todo el sucio y sudor que tenía encima hacia calentar mi piel. Cuando llegué a mi cuarto, saqué unas pastillas para el dolor que tenía en el bulto y me las

142

tomé. La noche estaba silenciosa y oscura. No había ni una luz que entrara por mi ventana.

Me tiré a la cama y agradecí por este momento. Pensé que más nunca iba poder sentirme en la paz y comodidad de mi cuarto.

144

23 de septiembre de 2017

Una increíble paz inundaba mi interior. Me sentía como si estuviera en el cielo. El clima era frío y ventoso. Pasé toda la noche sin soñar nada, realmente había dormido. Mi cuerpo había caído en un estado de relajación que hacía mucho no sentía. No tuve que abrir los ojos para confirmar que llovía. Solo el sonido del agua azotando en mi techo fue suficiente para darme la vuelta y dormir por un rato más antes de despertar en el destrozado Naranjito.

La primera vez que intenté, abrí los ojos, nunca supe que hora era con exactitud. Pero la segunda, ya eran las 8:00 A. M. Había dejado de llover y se escuchaba movimiento en la sala de mi casa. Un rico olor a café inundaba el ambiente. Me puse en pie y caminé dejándome llevar por el olor. Antes de comenzar el día pasé por el baño para darme un lavado de boca e ir a desayunar.

— ¡Buen día! – me saludó mami con un beso al llegar a la sala– ¿Cómo dormiste?

Ya Cocó estaba comiendo. Por lo que veía, ya mami y papi habían desayunado.

— ¡Súper bien! – contesté tomando la taza de café– ¿Estaba lloviendo verdad?

145

— Sí, llovió de madrugada – mami limpiaba la olla, donde hizo el café, con un galón de agua–. ¿Tienes hambre?

— Sí, dame un poco – le dije. En esos momentos ella abrió la nevera y vi que estaba apagada–. ¿Y papi?

— Está en el balcón haciendo un invento para prender la nevera.

Mientras mami me hacía un revoltillo con tostadas, yo salí al balcón para ver en que invento trabajaba papi. Él estaba sentado en uno de los bancos de madera con unos cables en las manos. Observé los elementos que papi tenía a su alrededor para descifrar que se traía entre manos.

Entre sus pies había una batería que posiblemente se la sacó a uno de sus autos. Los dos cables que tenía en las manos estaban conectadas a la batería y a su lado, una plancha solar y un inversor de 2,000 watts.

— ¿Energía solar? – pregunté cómo saludo.

— ¿Aprovechaste la lluvia?

— Dormí como hace mucho no lo hacía.

— Sí, mira este invento – papi se puso en pie para señalarme lo que iba a explicar–. Tengo tres planchas solares contactadas para que carguen esta batería. La batería la voy a conectar a este inversor de 2,000. Se supone que con eso por lo menos prenda la nevera y así dejamos de usar la guagua.

Lo analicé por un segundo y tenía completo sentido. Mientras tuviéramos sol, podíamos guardar todo en el *frizzer* y en la noche todo se quedaría congelado.

— ¡Es buenísima! – contesté–. Podemos mover todo para el *frizzer* y lo congelamos.

— ¡Podemos hacer hielo!

Eso dejaba claro que la necesidad es la madre de la invención. En estos tiempos de caos, teníamos que sobrevivir como fuera.

— ¡Ya está listo! – mami salió para decirme que estaba el desayuno.

Rápido entré y desayuné. Estaba delicioso. Seguimos escuchando la radio AM. Los locutores notificaban las diferentes situaciones que se estaban dando en los pueblos de la isla. Hablaban de la prioridad que le estaban dando a los hospitales del país y de cómo iban a distribuir las emergencias. El plan para esto, era escoger diferentes hospitales que hubiesen sobrevivido a los fuertes vientos y hacerlos hospitales centrales. En otras palabras, crear muchos centros médicos localizados en lugares estratégicos.

Luego de desayunar, seguimos sentados escuchando la radio. De repente, los perros comenzaron a ladrar. Esa era la alarma que avisaba cuando alguien subía la cuesta. Efectivamente, cuando salimos al balcón vimos

147

al hermano de mami; Junín pasando por la última rama. Iba con un bulto de explorador, pantalones cortos, *t-shirt* y gorra.

— ¡Llegó el sepulturero! – dijo mami, tan pronto Junín se acercó a nosotros. Al escucharla, se echó a reír.

— ¿Sepulturero? – no entendía la referencia.

— Te perdiste el entierro que hubo aquí el jueves – dijo Junín con un apretón de manos–. ¿Acabas de llegar?

— No, llegué ayer – dije mientras contaba a los perros a ver si estaban todos–. ¿Qué enterraste?

— Un pernil que tu madre tenía congelado – volvió a reír–. Tuvimos que hacer un roto y enterrarlo.

— ¡Ahh diablos! Me perdí esa escena – no pude evitar hacer el *mental picture* de Junín enterrando el pernil–. Faltaba yo para rezar "Por el alma del pernil vamos todos a rogar, que Dios lo saque de pena y lo lleve a descansar".

Automáticamente mami me dio un golpe en el brazo, mientras me regañaba. Por el contrario, todos los demás rieron. Todos entramos a la casa y comenzamos a conversar, como no podía faltar, le conté todo lo que sucedió en el Hospital a Junín.

— A mí se me había olvidado decirles…

Cuando Junín comenzó hablar todos cortamos el tema y le prestamos atención. En su tono de voz se escuchaba preocupado.

— El jueves, cuando venía camino aquí me paró un hombre preguntando por su esposa. Me la describió y me dijo que había salido esa mañana y no había vuelto.

— ¿Cómo? – interrumpió Cocó.

— Él venía subiendo por la 152 y me dijo que su esposa iba a ver a sus padres, pero nunca regresó – se detuvo para tomar café–. Pero eso no es todo, horita, estaba parado frente a casa y pasó un señor. Iba con su celular en la mano y con una foto de fondo. Él me preguntó si había visto a esa chica. Cuando la vi tenía las mismas descripciones que me había dicho el muchacho el jueves.

— ¿Alguien más estaba contigo? – le pregunté a Junín.

— No.

— Qué casualidad que los dos le preguntaron a Junín – comentó Cocó.

— No serás que tú tienes a la "Esposa Desaparecida" en tu *closet* – comenzamos a molestar a Junín como siempre hacíamos, pero esta vez era más bien para bajar las tensiones.

— Oye, pero recuerdan que anoche olía raro – recordamos.

— ¡Como a muerto! – dije.

— A podrido – añadió Cocó.

— ¡Ay no digan eso! – exclamó mami.

— Pero eso pueden ser los perros del taller – gritó papi que escuchaba desde el balcón.

— *Chacho mijo*, estas en todos los canales – le respondió mami mientras todos reíamos.

— ¡¿Qué?! – exclamó– Voy a prender el inversor, me avisan si prende la nevera.

— ¡Lograste conectarlo! – mami estaba emocionada y su emoción aumentó cuando la nevera prendió.

— ¡Se supone que ya! – Papi entró a la casa– Debe tener un poco de energía, ya lleva dos horas al sol.

Emocionada, mami movió todo lo que teníamos en la nevera para el *frizzer*. Iba a congelar todo para así preservar las carnes. Eso nos quitaba un gran peso de encima. Mientras, le juramos a Junín seguir el caso de la esposa desaparecida y él me contó como la pasó. También me contó que gracias a Cocó aprendió hacer su bulto de aventurero. Tenía exactamente lo mismo que el mío. Dos botellas de agua, comida enlatada, una linterna y un cuchillo. En la conversación, también salió a relucir el plan que él tenía para futuras emergencias y

150

entre ellos estaba mandar a comprar un abrigo impermeable.

Mientras hablábamos, también contó la odisea que pasó para poder ver a sus hijos. Tuvo que caminar desde su casa, a no más de 1 minuto caminando desde la mía, subir por toda la cuesta de los Paganes, llegar a Feijoó y entrar por donde viven sus hijos. Todo esto contando que fue el jueves al amanecer, con ramas y fango húmedo. Sin embargo, todo el maratón valió la pena al lograr encontrarse con su hijo adolescente, su hija embarazada de gemelos y su nieta de pocos años.

Absorto en la historia de Junín, los perros comenzaron a ladrar y no nos percatamos. De repente la voz de un hombre hizo que todos nos calláramos.

— ¡Buen día! – todos nos miramos.

Todos nos pusimos en pie y salimos al balcón. Debía ser algún amigo o familiar. No creo que algún desconocido o que no sepa para donde va, hubiese trepado por la palma. Al salir al balcón vimos a un viejo amigo de la escuela superior.

— ¿¡Que hay!? – saludé a Adiel.

— ¿Están vivos? – lo saludamos con un abrazo.

— Mano esto está bien destruido.

— ¡Qué bueno verte! – dijo mami saludándolo con un beso– ¿Quieres café? – aceptó y mami lo sirvió.

— ¿Qué haces por aquí? – pregunté.

151

— Iba camino a ver a la novia – comenzó Adiel–. Y cuando vi todo este derrumbe quise verificar si estaban bien. Me acordé que su casa es de madera.

— Gracias – le respondí–. De verdad yo no sé como sobrevivió – le dije.

— ¿La pasaron todos aquí?

— No, solo mami y papi. Cocó estaba en Anones.

— Tú estás loco cabrón – explotó Adiel–. ¡En ese hangar!

— Créeme, no lo vuelvo hacer – se disculpó Cocó–. La pasamos súper mal, hasta un ataque de pánico me dio.

— ¡Eres babilloso!

Estuvimos un rato hablando y nos contó como la pasó. Cocó contó con detalle todo lo que pasó en el hangar y como llegó a casa.

— Loco, ¿sabes quién perdió la casa? – dijo Adiel de repente, como cuando te llega algo importante a la mente.

Los pocos segundos que tardó Adiel en explicar, pensé en muchas personas. Al decirlo se ahogó. Sé que para él era difícil, todos somos amigos desde la intermedia. Por mi parte, luego de eso tuve una relación muy linda con esa familia, que incluso me podía considerar parte de ella.

— ¿Estaban en la casa?

— ¡Sí cabrón! –realmente dolía– Y lo peor, tuvieron que salir para casa de sus abuelos en medio del huracán y también explotaron los cristales.

— ¡Está cabrón mano! – me quedé pensativo– ¿Sabes de Elie?

— No mano.

Volvimos hablar por un rato. Adiel miró su reloj, eran las 10:30 A. M.

— Bueno, tengo que seguir – comenzó a despedirse Adiel–. Hay que llegar al destino.

— ¿Dónde vive la novia? – interrumpió papi.

— ¡En Feijoó!

— Bueno si quieres, yo te llevo – me ofrecí–. Mi carro está al principio de la cuesta de los Paganes.

— Te lo agradecería mil veces.

Así hicimos. Bajamos de mi casa y subimos hasta donde estaba mi carro. Nos detuvimos varias veces para que apreciara la destrucción que había acaparado todo. La primera parada fue en el Taconazo, segunda frente a la araña de casa de titi Fela, la Parrillada y por último en Sapacú para que intentaran buscar señal.

Ya en mi carro, hablamos de todo y lo difícil que sería levantarnos. Intercambiamos información sobre diferentes amistades para saber de ellos y así ir eliminando a personas de nuestra lista de preocupaciones. El viaje fue rápido, ya que no había

153

muchos carros transitando. Dejé al Romeo y volví a casa.

Subiendo por todos los obstáculos para llegar a mi casa, veo desde la casa de Juanita y Bimbe a papi con Pity llevando un largo bambú a la parte de atrás de la casa. Subí y caminé hacia donde estaban ellos. En la punta del bambú estaba la bandera de Puerto Rico. Entre los dos la alzaron y la aseguraron en una posición que sería vista desde la principal.

Como siempre sucede, cuando ves algo por primera vez, comienzas a verlo en todos lados. Desde la vista de mi casa podía apreciar a dos o tres casas más que tenían banderas en sus techos, balcones y donde sea. La destrucción había creado un sentimiento de patriotismo que nunca había visto. Era lindo ver esas banderas ondeando en el sucio viento. Era lindo ver como ese símbolo nos unía. Estaba seguro que los visuales que salieran de estos tiempos serían inmortalizados.

Debía ser medio día. Mami limpiaba lo que podía, mientras papi seguía perfeccionando su invento con las planchas solares. Pity por su parte, se sentó a apreciar el invento y estar atento por si podía ayudar. Mientras, yo solo apreciaba el horizonte.

Ya sabía de mi familia cercana. Mis cuatro abuelos estaban bien. Ya Emma me había informado de la trinidad y sabía de la mayoría de mis amigos y tíos. Aunque de los papás de papi; Crucito y Mayo, sabía que

154

estaban bien, me gustaría ir hasta donde ellos. De una vez en ese viaje, podía ver a Lucy he informarle que había visto a Emily y que todo estaba bajo control.

Sin pensarlo mucho, tomé la decisión y fui hasta donde papi y mami para que lo supieran. Subiría a pie y aprovecharía para ver que más había pasado por el camino.

— ¿Puedo ir contigo? – preguntó Pity–. Estoy *ensorrau* y Cocó está en Anones.

— ¡Claro! ¡Vamos! – dije–. ¿Hace falta algo?

— Sería buena un machete, para cuando haya que sacar todo esto – dijo papi.

— Sí, el mío me lo robaron – agregó Pity.

— ¿Cuándo?

— Cuando fuimos al puesto. Lo puse en una esquina para coger una caja y cuando volví, no estaba – fue inevitable no reírme.

— Pues dale, vamos a casa de Joselito. Le decimos a Lucy que hablé con Emily y bajamos. Si encontramos un machete, pues perfecto.

— Ok. Mucho cuidado – dijo papi.

Volviendo a la 152, como siempre nos tardamos más de media hora en los primeros pasos ya que seguíamos parando en todas las casas familiares. Una revelación que tuve en este viaje fue que, en 24 años, esta era la primera vez que había caminando por mi barrio. Yo veía en las películas, series y escuchabas a mis amigos que

155

jugaban con bicicletas y recorrían todo su barrio y yo nunca pude hacer eso. Quizás ese era el problema de vivir en la carretera principal.

Pasamos el límite donde llegaban mis aventuras, que era luego de la entrada de la cuesta de los Paganes. Todo lo que veríamos sería nuevo. Realmente este pedazo de la 152 no había mucho que ver. Todos eran árboles en el suelo y tendido eléctrico que molestaba.

El primer golpe que recibimos fue cuando llegamos a una pequeña barra, también conocida como un chinchorro. El cantinero era el típico hombre solitario, sin muchos atributos, pero con un buen corazón. Su negocio era en madera completamente y muchos de los trabajadores de Naranjito, preferían un ambiente tranquilo como ese cuando salían de su jornada laboral. María había pegado fuerte a este pequeño negocio. Todo el techo estaba en el suelo, solo quedaban sus paredes. Como si fuera una portada para alguna revista, el propietario intentaba barrer todos los escombros con una escoba vieja. La escena rompía hasta el corazón más fuerte.

— ¡Hola! – nos acercamos al negocio– ¿Está todo bien?

— ¡Dentro de lo que cabe! – azotó sus brazos contra su cuerpo como grito de cansancio– ¡Estamos vivos!

— ¡Eso es lo importante! — contestó Pity. El cantinero nos dio la espalda y siguió inútilmente limpiando su negocio.

Continuamos nuestro camino. Ya estábamos cerca del Centro Comercial, luego de eso la casa de mis abuelos no estaba lejos, pero ya el sol del medio día nos estaba dando y hacía su efecto. Pity y yo caminábamos más lento y casi no hablábamos. Llegó el punto en el que pensábamos que estábamos en un desierto, nadie pasaba, no se escuchaba nada y hacía mucho calor. Nuestros cuerpos reclamaban agua desesperadamente y como si fuera un milagro, la encontramos.

De una de las montañas, entre dos rocas, bajaba una gran cantidad de agua. Se veía limpia y no desprendía ningún olor. Algún buen samaritano, vecino del área, había colocado un tubo en medio de dos piedras. El cauce de la pequeña cascada entraba por el tubo y salía a pocos pies del borde de la carretera.

— No sé tú — dijo Pity mientras se quitaba la camisa—, pero yo me voy a meter.

Así mismo hizo. Sin esperar respuesta se metió a la fría agua. Cuando se salió, hice lo mismo, pero solo metí mi cabeza. Se sentía rica esa agua golpeando mi occipital. Extinguió todo calor que sentíamos y hasta fuerzas nos dio.

Seguimos, subimos por toda esa 152 como si estuviéramos acabados de levantar. Teníamos energías.

157

Pasamos debajo de un poste y llegamos hasta la entrada del Centro Comercial. Parecía apocalíptico. No había nadie y los letreros estaban en el suelo. Frente al Centro Comercial, estaba una ferretería. La estructura había sobrevivido al 50%. El área de pagos y servicio había perdido el techo y el sol entraba candente. La puerta estaba abierta de par en par y era sostenida por una paila de pintura. Mientras nos fuimos acercando comenzamos a escuchar una conversación que se llevaba desde detrás del mostrador.

— ¡Hola! – saludó Pity, automáticamente tres hombres salieron desde el interior. Al principio parecían amenazadores, pero por lo que entendí ellos nos reconocieron. Yo no tenía idea de quienes eran.

— ¡Buenas tardes! – saludé.

De los tres hombres, dos se veían jóvenes, de nuestra edad, el último, estoy casi seguro que era el dueño del local. Uno de los jóvenes comenzó hablar con Pity, al parecer estudiaron juntos, el otro solamente miraba.

— ¡Esa María nos jodió a todos! – comentaba Pity.

— Aquí ya no hay techo – respondió el que estudiaba con él–. Mira – señalo como si no nos hubiéramos percatado.

Pity le hizo un resumen de todo lo que estaba pasando en casa y le enseñó fotos. En ese momento, el que suponíamos que era el dueño, salió del mostrador y

158

se nos unió. No sé en qué momento, pero Pity siguió hablando con todos y llegó al tema de la gasolinera. Explicó como todo el mundo entró y se llevaron todo.

— En Econo intentaron hacer lo mismo – señaló hacia el Centro Comercial–. Por poco se llevan un tiro.

— ¿Tiro? – fue la primera vez que hablé–. ¿Hay seguridad?

— ¡¿Qué si hay seguridad?! – rio burlonamente– Hay soldados ahí con armas largas.

— ¿Y no dejan entrar a nadie?

— ¡A nadie! Llevan desde el jueves ahí y si alguien se acerca, le apuntan.

— ¡Diablo! ¿Prefieren que toda esa comida se pierda? – me quedé pensando–. Ese techo era completo zincs y acústicos.

— ¡Se cayó completo! – el jefe seguía hablando–. Dicen que es pérdida total y existe la posibilidad que se vayan de aquí.

Eso serían los reales estragos de María. La economía se iba a ir al piso y los negociantes iban a optar por salir del pueblo. De ese rumor ser cierto, sería un peligro. Econo es el único supermercado grande que hay en Naranjito.

— Oye, por casualidad te queda un machete por ahí – sin darme cuenta me sumergí en mi mente y

159

todos siguieron hablando–. En el revolú del puesto, perdí el mío.

— Déjame verificar, no estoy muy seguro – dijo el jefe poniéndose en pie y metiéndose a su negocio sin techo.

— ¿Tienes dinero? – le pregunté a Pity en voz baja–. Yo tengo.

— Tranquilo, tengo unos dólares aquí.

El jefe tardó unos minutos. Mientras me dediqué a contemplar el paisaje. Era extraño estar de pie frente a la carretera principal de Naranjito y no ver un solo carro. Era como estar en una película del fin del mundo. Solamente de mirarme se sabía que todo había cambiado, mi ropa; un vaquero roto y con fango de ayer, las botas de gomas y una *t-shirt* media mojada, no era mi *look* diario. Cada vez me sentía más en *The Walking Dead*.

— ¡Tienen suerte! – el jefe llegó con un machete gigante. No era el típico de jibaro, era grueso y el metal intacto–. Eso sí, no tengo para amolarlo, solo te puedo dar estas lijas, pero con eso no hacen mucho.

— ¿En cuánto me lo dejas? – preguntó Pity, realmente yo no tenía idea de cuanto podía costar.

— Dame $8.00.

— ¡Aquí están!

Con esa velocidad, ya teníamos un machete gigante y nuevo. Pity me lo dio en lo que terminaba de hacer el pago. Examiné el machete y no sé si fue por estar viendo *Game of Thrones* que lo moví como si fuera una espada para mirarlo de lado. De la nada salió el medieval en mí y comencé a criticarlo mentalmente, aunque no tenía idea de lo que hacía. Se movía bien y tenía un buen soporte, era un buen machete, aunque no tuviera filo.

— Muchas gracias, seguiremos para verificar a unos familiares – le tendí la mano al jefe, luego que Pity se despidió de él y sin más palabras seguimos nuestro camino.

Salimos de la ferretería y seguimos por la principal. Al tomar la primera curva, caímos frente al semáforo que da paso hacia el Centro Comercial. Vimos el *Walgreen* completamente destruido, *BK* tenía sus cristales rotos y el letrero estaba en *KCF*. Al otro lado de la carretera, estaba el risco y un derrumbe amenazaba con llevarse la carretera principal hacia el abismo. Con mucho cuidado, continuamos y seguimos caminando.

— Ya tenemos machete, ahora esperar que salgan los *zombies* – comencé a hacer chistes con Pity y hacer la pose de pelea, realmente imité la pose de "Negan[10]" con su bate.

---

[10] Personaje de la serie *The Walking Dead*

161

— Aunque no tiene filo, le vas a rajar la cabeza con el cantazo – reímos.

Seguimos usando el machete como espada hasta que un ruido a nuestras espaldas nos llamó la atención. Como si fuera una película, desde la curva del Centro Comercial una nube de polvo se levantaba. Del centro de la nube dos objetos salieron a alta velocidad. Dos motoras de monte, se dirigían a nosotros. Aunque no había peligro, nos gustó seguir en nuestra película.

— Llegó el momento, Fen. Vamos a quedarnos quietos y cuando estén cerca, levanta el machete y le cortas la cabeza.

— Y cuando el otro viré, nos encargamos de él – seguí con la trama mientras reía–. ¡Pal carajo! Los tiramos al monte y se los cargamos a María. ¡Las primeras víctimas!

Sin bajar la velocidad, las motoras pasaron por nuestro lado. El polvo se levantaba por donde pasaban. Nos tapamos los ojos, boca y nariz mientras todo volvía a su sitio. Seguimos riendo mientras imaginábamos la escena del robo.

— Te imaginas las noticias "Encuentran cuerpos sin cabeza" – decía Pity mientras reía–. Los vientos de María le arrancaron la cabeza y los dejó en un monte.

— Hubiese sido buena. Con esas motoras llegaríamos a casa de Joselito más rápido.

Caminamos unos cinco minutos más y nos encontramos a un señor que aparentaba unos 70 años. Estaba junto a dos hombres aproximadamente de 25 a 35 años menor que él, posiblemente sus hijos. Entre los tres, usaban machete y cuerdas para sacar un gigantesco árbol que había caído en la carretera.

Fue conmovedora la experiencia, porque en ese lugar no había casa ni nada. Solo era carretera. Me gustó ver como los vecinos se estaban uniendo para contribuir lo más que pudieran y no esperar por el gobierno.

— Te cambio mi machete por tu machete – nos gritó el señor.

— Este es nuevecito – dijo Pity, mirando el oxidado machete del señor.

— Por eso, este corta y a ese le hace falta una *amolá*.

Con unas risas al aire seguimos nuestro camino. Un poco más al fondo comenzamos a ver como muchos bambúes no resistieron a los vientos y estaban en el suelo. Íbamos esquivando el fango y los bambúes cuando Pity se detuvo y me señaló hacia la orilla de la carretera.

— ¡Está cabrón! Mira eso.

En la orilla, bajaba una cuesta hacia una casita en madera y la mitad del techo no estaba. Pero eso no era lo que dolía, lo que dolía era ver al dueño de la casa, un anciano de casi 100 años, vestido con la ropa de jíbaro; un pantalón crema con rotos, fango y una guayabera,

163

moviendo con sus manos arrugadas las ramas para poder salir de su solar.

— ¡No lo puedo dejar ahí! – Pity caminó hacia la cuesta– ¡Señor! ¿Necesita ayuda? – gritó.

— ¡Tranquilo mijo! – contestó entre ramas– Estamos vivos, es todo lo que necesito.

— Esto esta cabrón, cabrón – fue lo último que me dijo Pity antes de continuar.

Al salir del mar de bambú, llegamos al famoso local "Xanadú". Me gustaría pensar que fue un mensaje divino, pero realmente tuvo que haber sido algún vecino bromista; en un solar que se estaba construyendo antes del desastre, hubo un gigantesco derrumbe y en la punta estaba parada una figura en plástico de la Virgen María. Extrañamente, esa figura atraía a la vista, aunque era diminuta.

— No sé si alegrarme o encojonarme con eso – señalé a la virgen, estoy seguro que gracias a todo este desastre, el nombre de María va a caer en la lista negra de los puertorriqueños.

Pity iba a contestar, pero un fuerte ruido lo calló. Algo había azotado contra el piso, algo grande. Aceleramos el paso y el ruido comenzó hacer continuo. Era un ruido mecánico, algo se desplazaba por la carretera llevándose todo a su paso. Detrás del ruido se escuchaba la voz de un hombre dando instrucciones.

— ¡Paren! – gritó para que el conductor del *digger* lo escuchara.

De primera instancia, pensé que se detuvieron porque Pity y yo estábamos en el medio, pero no fue así. Se pararon porque un grueso cable principal cruzaba la carretera y tenían que cortarlo para seguir su camino.

La brigada tenía dos *diggers*, uno más grande que otro. Mientras uno empujaba los deslizamientos hacia los lados para abrir camino, el otro iba tumbando los árboles que estaban en el medio. Alrededor de las maquinas, una decena de hombres a pie iban con motosierras cortando todo a su camino. Busqué con la mirada alguno conocido, hasta que vi al que estaba cortando el cable eléctrico. Era gordito y muy parecido a mi padre, era Joselito.

— ¡Joselito! – grité tan pronto cortó el cable. Nos encontramos y nos abrazamos como saludo.

— ¿Cuándo llegaste?

— Llegué ayer, temprano – nos echamos a un lado para que las maquinas continuaran–. ¿Quiénes son? ¿El municipio?

— Nah, estos son los de acá arriba, los *Ortices*. Sacaron los *diggers* de sus casas y siguieron por ahí para abajo abriendo camino.

— ¡Se me paran los pelos! – me pasé las manos por los brazos– La comunidad está bien unida.

165

— No te creas, no todos. Hay algunos que están como si nada, teniendo maquinas en las casas – tomó agua de una botella que tenía–. Pero nada, al menos ya sacamos el derrumbe más grande.

— ¿Cuál?

— A verdad que tú no lo viste – se volteó y apuntó por donde había venido–. Sabes donde venden billares. Pues la montaña de al frente se derrumbó y destruyo la pared del negocio.

— No había nadie, ¿verdad?

— Sí, los dueños viven en los bajos. Uno esta encamado. El jueves había un revolú aquí, porque no los podían sacar y tuvieron que buscarlos en *fourtrack* – volvió a tomar–. ¡Ah! Los sacaron los dueños del *CarWash*, y se llevaron a la familia para el hogar que está aquí más arriba, que es de su suegra.

— ¡¿En serio?! Diablo que buena obra.

— ¡Dame eso! – Joselito le quitó el machete a Pity y sacó algo de su bolsillo, era para amolarlo– ¿Para dónde vas? ¿Para casa?

— Sí, Lucy está ahí ¿verdad? Ayer vi a Emily.

— ¿Y están bien? ¿Los nenes? – luego de varias pasadas al machete, se comenzaba a ver el filo.

— Sí, ahí no pasó casi nada. Están todos bien.

— A pues llega a casa que Lucy está desesperada y Crucito estaba preguntando por ti.

Nos despedimos y seguimos, ya faltaba poco. Pity miraba el machete afilado mientras seguimos caminando. El camino se hizo más difícil, ya que por donde había pasado la maquina era peligrosamente resbaloso. El babote que se creo fue impresionante. Pasamos el *autopart* "El Coquí" y llegamos hasta donde vendían los billares.

Si la historia era impresionante, más fue verlo. La pared principal no existía, fue como si una granada hubiera explotado. Aunque la brigada de limpieza había liberado el camino, se podía ver hasta donde llegó el fango. Intentar entrar al local, era una idea estúpida porque el fango llegaba, literalmente, hasta el techo. Justamente al lado, donde estaba el estacionamiento, y a su vez, las escaleras para el sótano, estaban todos los carros amontonados con fango hasta mitad de las puertas.

Los resbalones, y el miedo a rompernos un tobillo, hizo que pusiésemos atención al camino y saliéramos de ese pantano. Fuera de ahí, solo nos tomó 5 minutos llegar hasta casa de mis abuelos. Subimos la cuesta y apreciamos la casa. Dentro de todo, estaba bien. Solo un gigantesco pino se había caído y aterrizó contra el techo del garaje, pero lo resistió.

— ¡Hola! – saludé fuera de la puerta.

— Sabía que eras tú – Lucy salió corriendo y abrió la puerta–. Los vi desde la parte de atrás.

— ¿Están todos bien?

— Nosotros sí, ¡lograste salir del Hospital! – Ely salió y me abrazó.

— Logré salir ayer, fue horrible – peleaba por hablar, pero el abrazo no me dejaba moverme.

— ¿Qué Hospital? ¿Estás enfermo? – mi abuela salió de la casa. Aunque me recordaba, su mente nunca lograba recordar aproximadamente los últimos 5 años.

— ¡Mamá! – la abracé fuertemente.

— ¡Te amo! – me dijo al oído con la voz temblando–. ¿Están bien? ¿Todos haya están bien? – a veces pienso que su mente lucha contra su enfermedad y tiene lapsos que lograban llegar al presente.

— ¡Yo también te amo! Todos estamos bien – no pude evitar que se me aguaran los ojos–. ¿Tú estás bien?

— Yo sí, ¿por qué no voy a estarlo? – dejó de llorar, volvió a su temple normal.

— ¡Qué bueno! – tomamos asiento en el balcón– Ayer logré ver a Emily. Están todos bien, en su casa no sucedió nada – a Lucy le nació una gran sonrisa.

— ¡Ay! ¡Qué bueno saberlo! ¡No hemos podido salir de aquí! – me dijo.

— ¡Crucito! – gritó Ely– Mira quien llegó.

— ¿Dónde está papá?

— En el techo – me contestó Ely–. Quiere tumbar todos los pinos, nos tiene locos.

— ¡Ay, ya sé a quién salió papi! Se quería tirar para Anones a chequear a Cocó.

— Ay muchacho ¡lograste llegar! – me dijo Crucito cuando llegó al balcón– Esta María por poco nos lleva.

— ¿Qué María? – preguntó mamá Mayo.

— El huracán mami – dijo Lucy.

— ¿Viene un huracán?

— ¡Ya pasó! – Ely contestó.

— ¿En el Hospital hubo mucho revolú? – se adelantó Lucy para cortar el tema.

Solté toda mi retahíla de historias sobre lo que había pasado. Había cosas que contaba en desorden, pero me aseguré de contar las más impresionantes y como llegué a casa. Mientras hablaba, veía como mamá Mayo me miraba intentando entender la conversación. Mirando cómo me miraba, y analizando esos ojos contentos, pero perdidos, llegué a pensar que era la mejor que estaba de todos los que estábamos en ese balcón.

— ¿Pero ven acá? – interrumpió Mayo– ¿Dónde tu estudias?

— Ya yo me gradué – no pude evitar reírme. Siempre le contaba a mami y toda mi familia que siempre me hacía la misma pregunta.

— ¿Ah sí? ¿Qué estudiaste?

169

— Radiología y estoy trabajando en un Hospital en Bayamón.

— ¡Qué bueno! – sus ojos me encontraron– En estos momentos vamos a necesitar la ayuda de todos esos profesionales, y te voy a decir algo. Hay que hacer ese trabajo con todo el amor y la paciencia del mundo. Tendrán muchos pacientes ahora.

No pude evitar quedarme frío. Esas transiciones entre su mundo y la realidad, duele. Duele más al familiar que al que padece la enfermedad.

— Créeme así mismo se va a hacer – por un segundo sentí que todos había desaparecido y solo estábamos ella y yo–. Todos estamos trabajando lo mejor que podemos. Muchos dicen que este es el fin, pero en estos cuatro días, yo he visto que no. La comunidad está unida, la isla está solidaria, y yo sé que, si seguimos así, vamos a levantarnos.

— ¿Y tu pai? Hace días no viene a verme – volvió a su mundo. Es como tenerla en tus manos y que de repente desaparezca.

— Ya pronto él va a venir – no podía ponerme triste y lo mejor era hacer un chiste–. ¿Sabes qué? Si quieres yo te lo regalo, él jode mucho.

— ¡No digas eso! Él te quiere mucho.

— ¡Que me quiera no quita que joda mucho!

Todos nos reímos y seguimos la conversación. Nos dieron agua a Pity y a mí, mientras Lucy y Ely me volvían a contar como fue la odisea de la familia del billar. Mientras los recuerdos me venían a la mente le contaba historias y mostraba fotos en mi celular para que vieran como estaba todo. Pity las complementó con algunas de las suyas. En resumidas cuentas, estuvimos aproximadamente 40 minutos hablando.

— Bueno son casi las 3:00 P. M. ya debemos ir bajando – me comencé a despedir de todos–. Vamos a llevar este machetito a ver si sacamos algunas ramas.

— Denle con mucho cuidado – dijo Crucito dándome la mano.

— ¡Qué bueno que vinieron! – Lucy me abrazó y luego Ely.

— ¿Ya se van? – preguntó Mayo.

— Sí, vamos a ayudar para casa.

— Ah sí, tengan cuidado – me dio un abrazo y volvió hablarme en el oído–. Quiere mucho a tus papás. Ellos te quieren mucho. No sabes cuánto yo daría por tener a los míos – comenzó a llorar–. Y yo también te amo mucho.

— Lo voy hacer, lo voy hacer – era lo único que lograba decir. No estaba seguro si estaba en el mundo real o en el suyo–. ¡Yo también te amo, yo también!

Volvimos a bajar la cuesta, con las palabras de Mayo en la cabeza. De vuelta a la destruida 152 pasamos sobre nuestros pasos. Esta vez analizamos todo a nuestro alrededor y de verdad era horroroso. La vegetación estaba en el suelo. El verde se cambió por el marrón. El olor era fuerte y todo estaba vacío. Peleando por no caernos en el babote que dejó la brigada, Pity me comentó sobre unos familiares que vivían cerca. Me ofrecí acompañarlo a sus casas, era lo mínimo que podía hacer luego que él vino conmigo. Pero me dijo que no, prefería volver a su casa.

Llegamos hasta donde nos encontramos a la brigada y obviamente no había nadie. Seguimos hasta donde estaban los bambúes y ya no estaban en el medio. Se movieron hacia los laterales del camino. El señor de 100 años no estaba en su cuesta, pero la misma estaba limpia. Supuse que fue la misma brigada, no creo que el señor lo hubiese limpiado tan rápido.

Aunque la carretera estaba resbalosa, estaba mucho más limpia y podíamos llevar buen paso. Llegamos hasta el Centro Comercial y un poco más adelante encontramos a la brigada. Joselito vigilaba el tránsito, ¡como si hubiese tanto!, mientras sacaban ramas que estaban debajo del poste que quedó a mitad. Aunque no podían moverlo, hicieron un camino alterno rodeando el poste.

Hablé un segundo con Joselito, le expliqué todo lo que hablamos con sus padres y seguimos nuestro camino. El calor ya nos volvió afectar, pero estábamos cerca de la preciada mini cascada. Como la primera vez, estaba vacía. Pity fue de cabeza por segunda vez y yo volví a lavarme la cara. Esta vez estuvimos más tiempo ya que la tierra que levantaba las maquinas se nos había pegado a la piel.

Cuando llegamos hasta el cruce que da hacia la cuesta de los Paganes, miré mi carro y seguía ahí. Ya en este lugar, se comenzaba a ver más civilización. Todos se movían hasta el Zapacú para intentar comunicarse con sus seres queridos. Pity y yo imitamos a la multitud y sacamos nuestros celulares.

Con el celular en modo avión esperamos 10 segundos. Mientras miramos a todos alrededor. Rápido que quité el modo, entraron varios mensajes. Algunos, eran de amistades, los respondí rápido. Pero uno era de mi jefe. El mensaje preguntaba que, si podía llegar mañana, domingo a mi turno 3:00 P. M. a 11:00 P. M. y 11:00 P. M. a 7:00 A. M. Contesté el mensaje siendo lo más sincero posible. Expliqué que seguía prisionero por los derrumbes y mi carro seguía lejos de mi casa. También especifiqué que ya había una brigada de la comunidad abriendo camino, pero que no creía que llegara hoy a mi casa. Lo que si le aseguré es que el lunes llegaría a mi turno de 11:00 P. M. a 7:00 A. M.

173

Esperé a que mi mensaje se enviara y luego pregunté a Pity si había terminado. Cuando me dijo que sí, volvimos a caminar. En la Parrillada había una multitud extraña mirando hacia abajo. Entre la gente, tenía muchos conocidos.

— ¿Qué está pasando? – pregunté a una chica que trabaja para mi mamá mientras la saludaba. Estaba con toda su familia.

— Están cortando el árbol frente a casa de titi Fela y no podemos bajar.

Cuando miré la araña de ramas, estaba casi destruida. Varias personas con motosierra cortaban todo lo que tuvieran de frente y llevaban buen ritmo. Como no había mucho que hacer, nos sentamos en una montañita de grama a mirar a los trabajadores. A los 10 minutos, el primer trabajador logró pasar completamente y salir entra las ramas de la araña. Se paró frente a nosotros y dejó la sierra en el suelo.

El trabajador se sentó al lado mío y pude ver el logo que tenía en la camisa. Era el mismo logo que traían los *diggers* de la brigada con la que estaba Joselito.

— Disculpa – le digo–. ¿Trabajas para los Ortices?

— Sí – me contestó.

— Vimos una brigada que está bajando.

— ¿En serio? ¿Por dónde están?

— Hace como media hora estaban un poco más abajo del Centro Comercial.

— Van súper bien. Ayer ellos comenzaron a bajar y nosotros a subir, hasta donde nos encontremos – se volteó hacia los que seguían en la araña–. ¡Muchachos! Ya los *diggers* van por el *mall*. En el rostro de todos se notó que eso los alegró. Esta alegría por poco se desvanece cuando una rama se rompió de golpe y por poco uno de los trabajadores se corta con la sierra.

— ¡Hey! ¡Cuidado con eso! – gritó, parecía el jefe, se volteó y nos dijo a nosotros– Así mismo ayer un compañero se hizo un tajo en el muslo. Terminó con 48 puntos en un hospital de Comerío.

— ¡Auuuch! – exclamamos todos a la vez.

— Pero eso no es lo feo. Lo feo fue llegar hasta el hospital con todo ese revolú de sangre y que el doctor se echara a llorar, llevaba desde el lunes. Estaba drenado.

Terminaron con la araña y salieron todos. Al ver que el paso estaba libre, pasamos. Fuimos súper rápido y comenzamos a ver que luego de la casa de titi Fela una gran nube de polvo se levantaba, y un ruido mecánico no dejaba de molestar. Cuando terminamos la curva descubrimos que había tres *diggers* más trabajando en el derrumbe de casa. Impresionantemente, vimos como esos tres *diggers* movían la tierra hacia el lado creando una montaña gigante, donde antes había un risco.

Tuvimos que esperar casi media hora más frente a lo que era el Taconazo. Frente a mi casa, se creó el mismo babote que había en la casa de los billares. Sería peligroso pasar con tantas máquinas trabajando. Cuando las maquinas llegaron a la brea de la carretera. Se formó una pared de al menos 8 pies de tierra donde era la entrada de mi casa. Los tres *diggers* se encargaron de sacar todos los escombros que había ahí, mientras Juanita, Bimbe y todos miraban desde arriba.

Mientras analizábamos como entrar a nuestras casas. Pity me ofreció un trago del negocio que estaba abierto. Junto a varias personas nos encontramos a Juan Luis y nos tomamos las bebidas como si fuera agua y ya eran casi las 5:00 P. M. Luego de un buen rato analizando, descubrimos que la mejor forma de llegar, era por el risco que conectaba la casa de Juanita con la de nuestros vecinos.

Con toda la tierra que había escalado en estos últimos dos días, una montañita de grama mojada no sería problema. Al lograr superar esa prueba, llegamos a nuestras casas. Estuvimos más de una hora viendo como lograban abrirnos paso. Bimbe, Juanita, mami, papi, Cocó, Aty, Kathy, las niñas, Junín y yo hablábamos, contábamos chistes y nos reíamos a pesar de todo. Pity buscó a Bimbe y comenzaron a dar machetazos y cortar las primeras ramas. Cuando el *show* se acabó, ya eran casi las 7:00 P. M.

Juanita, Bimbe, Aty y Pity optaron por encuevarse en sus oscuras casas, ya que ninguno teníamos generadores eléctricos. Mientras Cocó, Junín, Kathy, papi, mami y yo nos fuimos para el antiguo lugar de reuniones familiares; el ranchito. Aunque no tenía techo, mami hizo lo mejor que pudo y lo organizó de una forma que logró dejar un buen espacio con sillas para mirar hacia el horizonte. La noche había caído y como María no dejó árbol en pie, podíamos ver todas las casas.

Luego de un buen rato de risas e historias viejas, miré el cielo. Las estrellas volvieron a salir. Ya la nubosidad no estaba, y la contaminación lumínica había sido extinta. Se veía un hermoso mar de estrellas. Nunca había logrado apreciar tantas. En ese momento, mi instinto me hizo ponerme en pie he irme a un lugar apartado de los demás. Caminé hasta frente a la casa y me acosté en el suelo.

Mirando el brillante cielo, un aura de paz me invadió completamente. Había buscado a mis seres queridos, sabía de todas las personas que quería y había logrado llegar a mi hogar. Aunque no sé cómo explicarlo, sentí que alguien se acostó al lado derecho mío. Estaba seguro que no había nadie, pero no tuve miedo. Mi ángel, luego de una fuerte lucha había protegido mi hogar. Sebastián estaba a mi lado. De mi lado izquierdo un viento frío me confirmó que mi segundo ángel había

177

llegado; Victoria, la que se encargó de protegerme y ayudó a centrarme en momentos de caos. Ahora sí estaba en paz.

Con mis ángeles a los lados, hablamos de lo que había pasado, de cómo sería todo de ahora en adelante. Muchos decían que Puerto Rico había caído a los 1920. Cuando tenían que buscar agua en los ríos e iluminarse con lámparas. Pero Seba y Vicky me hicieron ver que eso, no era lo mejor para la isla. Lo mejor para Puerto Rico era volver al año cero. Volver a comenzar, dejar todos los errores cometidos atrás. Usar este huracán como un nuevo testamento. Seguir siendo solidarios como todos lo están siendo. Seguir conversando en familia, como lo estamos haciendo. Reírnos en la oscuridad, reírnos, aunque estemos en el fin del mundo.

María no nos trajo destrucción, María nos trajo la oportunidad de rescatar a las personas que fuimos una vez y que por culpa de la rutina y el estrés habíamos dejado atrás. Volvimos a nuestros inicios, volvimos a la base de todo, volvimos a ser gente.

Aunque la tecnología se cayó, el agua faltó y muchos hogares volaron, hemos demostrado que no importa lo que suceda siempre nos levantamos, siempre seguimos adelante. Puerto Rico no esta muerto, Puerto Rico no retrocedió en el tiempo, a Puerto Rico se le presentó una oportunidad, la oportunidad de volver a comenzar, pero mejor.

Lo único que pido, por favor Puerto Rico, no desperdicies este año cero.

Notas

Aunque mi historia terminó bien, lamentablemente no fue el caso de muchos hermanos puertorriqueños. El país completo se hundió en una ola de caos. Pero informar sobre eso, no me corresponde a mí. Estoy más que seguro que alguien, mucho más preparado que yo, tomará su lápiz y se encargará de exponer los números reales del desempleo, muertes, daños económicos de la isla, éxodo y la fecha en que realmente Puerto Rico vuelva a ser como antes.

Mientras tanto, yo me puedo encargar de contar como sucedió todo en el área en la que yo vivo. Luego del 20 de septiembre estuvimos justamente 40 días sin servicio de agua potable. Antes del 29 de octubre, tuvimos que buscar agua en diferentes oasis del municipio o en las quebradas que bajaban desde las montañas. Esta última práctica, tuvo que ser cancelada ya que un brote de Leptospirosis dañó los ríos.

Aunque el asunto de la electricidad, aún en el 2018, sigue siendo un problema. Para eso del 1 de noviembre de 2017 se comenzó un movimiento para energizar los lugares fundamentales de los pueblos, entiéndase los hospitales. Ese día, 1 de noviembre, 43 días luego del

181

huracán, el Hospital de Naranjito tuvo servicio de energía eléctrica.

Uno de los puntos más difíciles para los naranjiteños eran las carreteras. La carretera principal, la 152, estuvo cerrada por 57 días, hasta el 15 de noviembre por los daños que sufrió. Esto era un problema que estaba afectando a los vecinos ya que para poder llegar a sus trabajos o a cualquier destino teníamos que tomar vías alternas que no eran 100% seguras y aumentaban de 10 a 20 minutos de camino. Pero aparte de esto, la economía también estaba siendo afectada. ya que los camiones con mercancía no tenían por donde pasar para poder suplir a los pocos comercios que seguían en pie como supermercados y estaciones de gasolina.

Ya entrando en el último mes del año, el 3 de diciembre fue que comencé a ver el movimiento de brigadas para restablecer el servicio eléctrico. Luego de cinco días trabajando, cuando llegamos al día 90, 20 de diciembre, ya el tendido eléctrico frente a mi casa estaba en su lugar.

Mientras todo esto pasaba, yo seguía sin electricidad ni agua y trabajando sin cesar. Entre espacios libres, iba escribiendo la historia que quería hacer pública, la historia que estás leyendo. Casi poéticamente, el día 100, luego del paso de María, y penúltimo día del año, terminé de escribir Puerto Rico: Año Cero.

182

El comienzo del 2018, fue bueno. Como regalo de los Tres Reyes Magos, 4 de enero, llegó la tan preciada electricidad a mi casa. Aunque estoy claro, que para estas fechas más del 50% de mi isla seguía apagada, fue un alivio. Poco a poco escuchaba como en diferentes áreas las cosas seguían mejorando.

También debo aceptar que el pesimismo y la desesperación, muchas veces nos arropó, pero al llegar las cosas malas comienzas a apreciar las buenas. Durante estos tiempos de caos, el pequeño gesto de un abrazo ayudaba más de lo que cualquier persona pudiera pensar. Un abrazo significaba cariño, solidaridad, fuerzas. Si continuamos con los abrazos, estoy seguro que lograremos ponernos en pie.

Por último, gracias por tomarte el tiempo y apreciar esta historia. El fin de este libro es tener una memoria para el futuro, te invito a pasar por mi pagina de *Facebook*: Fen Rivera Autor, donde me comprometeré a crear un álbum de fotos con todo lo que tengo documentado en mi celular. Podrán ver las fotos y videos de la 152 y los destrozos que María dejó en mi querido Naranjito.

184

Mas Sobre Fen Rivera

No olvides pasar por www.fenrivera.com donde podrás encontrar todo lo relacionado con el autor. En esta pagina tendrás la tienda digital con todos los libros publicados, biografía del autor, información sobre los libros, actividades en las que ha estado presente Fen y todo lo que esta trabajando.

Otras publicaciones de Fen Rivera

Torbellino de Alas Madera (2017)

Torbellino de Alas Hilos (2019)

Catarsis (2020)

185

186